同調圧力
日本社会はなぜ息苦しいのか

鴻上尚史　佐藤直樹

講談社現代新書

2579

まえがき

鴻上尚史

二〇二〇年の冒頭には、まさか、二〇二〇年が新型コロナウイルスに怯《おび》え、苦しむ、歴史的な年になるとは、誰も予想しなかったでしょう。

新型コロナの感染拡大は、日本および日本人のさまざまな面をあらわにしたと、僕は感じています。

それは、新型コロナによって新しく生み出されたものではなく、今までなんとなく水面下にあったり、自覚していなかったり、ぼんやりとしか感じなかったことが、はっきりとしたかたちに、それも凶暴で陰湿なかたちになって現れてきたと感じるのです。

二〇二〇年六月四日、麻生太郎財務大臣は、日本のコロナによる死者の少なさに関する海外からの問い合わせには、「おたくとは、うちの国とは、国民の民度のレベルが違うんだ」と答えていると参議院で述べました。

この発言は、この時、大きな話題になりましたが、海外の報道では、「民度」の訳語は分かれました。

「"the superiority of its people"（国民の優秀性）」だったり、「its citizens'"cultural standard"（市民の文化的水準）」だったり「"the level of social manners"（社会的マナーのレベル）」と訳されました。

「日本国民が他国に比べて優れているから（日本民族が世界で一番優秀という思想がかつてありました）」とか、「文化的水準が高いから（世界の文化水準が日本より劣っているということでしょうか）」とか、「社会的マナーが高い（すべてのマナーに関して、日本人が高いのでしょうか。女性が重い荷物を持っているのに、パートナーの男性が平気な顔をしていることに外国人は驚きます）」とか、そんな理由で死者が少なかったと報道されたのです。

麻生財務大臣は、「民度のレベルが違う」と答えると、（問い合わせた人たちは）「みんな絶句して黙るんです」と誇らしげに語りましたが、感心して黙ったのではなく、理解不能だから返答できなかったのではないかと思います。

麻生財務大臣は、この時、補足のように「島国ですからなんとなく連帯的なものも強かったし、いろいろな意味で国民が政府の要請に対して、きわめて協調してもらった」と答えました。

これが、麻生財務大臣がイメージする「民度」なのでしょう。

しかし、僕はこれを「同調圧力」と呼びます。

「同調圧力」とは、「みんな同じに」という命令です。

同調する対象は、その時の一番強い集団です。多数派や主流派の集団の「空気」に従えという命令が「同調圧力」です。数人の小さなグループや集団のレベルで、職場や学校、PTAや近所の公園での人間関係にも生まれます。

日本は「同調圧力」が世界で突出して高い国なのです。

そして、この「同調圧力」を生む根本に「世間」と呼ばれる日本特有のシステムがあります。

じつは、対談をお願いした佐藤直樹さんが「コロナと世間」について、二〇二〇年五月に、あるサイトに書かれた文章を僕はツイッターでリツイートしました。

コロナによって「世間」がどう現れ、「同調圧力」がどう激しくなったかという内容でした。

佐藤さんは、一九九八年、九州工業大学の刑事法の教授時代に「日本世間学会」を立ち上げ、代表となり、何冊もの著作で「世間」の問題を追求しています。僕もまた、何冊もの著作や演劇で「世間」のカラクリや弊害を繰り返し追求しています。

それでも、ツイッターでの僕へのリプライで「目からウロコが落ちた」「私が苦しんでいたのは世間のせいだったんですね」という言葉をたくさんもらいました。

僕のツイッターをフォローしてくれている人からこういう反応が返ってくるということは、「世間」と「同調圧力」について、知らない人のほうが大多数なんだなと驚き、焦りました。

あなたを苦しめているものは「同調圧力」と呼ばれるもので、それは「世間」が作り出しているものです。それがコロナで狂暴化したことによって、「荒れるＳＮＳ」や「自粛警察」や「自粛の強制」が生まれたのだと、伝えたいと心底思いました。

インターネット配信をしているだけのライブハウスに「営業をやめろ」と匿名の文書を貼り付ける自粛警察も、自殺にまで追い込むＳＮＳの誹謗・中傷も、休業補償のない自粛要請の中で「夜の街」という犯人扱いの結果の倒産も、感染したら自己責任と責められてしまう重苦しい雰囲気も、すべて「同調圧力」が強大化した結果です。

そして、「同調圧力」を生み出す根本のメカニズムが日本特有の「世間」なのです。

「世間」の特徴は「所与性《しょよ》」と呼ばれる「今の状態を続ける」「変化を嫌う」です。

二〇二〇年七月五日の東京都知事選では、三六六万票という歴代二位、前回より約七五万票も多く獲得した小池百合子氏ですが、彼女のYouTubeチャンネルでは再生数が、どれもわずか数千でした。

この「熱狂なき大勝利」は、人びとがコロナ禍で生き延びるために、「世間」をやむにやまれず選んだ結果ではないかと僕は考えます。

コロナ禍の不況で苦しくなればなるほど、強く「世間」の「所与性」（変わらないこと・現状を肯定すること）を求めたのではないかということです。

苦しみに打ち勝ち、幸福な生活を手に入れる大切な一歩は、あなたを責め、悩ませるものの正体を知ることとです。

正体が分かれば、戦い方も逃げ方も無視の仕方もごまかし方も分かるのです。

急いで、とにかく早く、「世間」について伝えたいと思いました。

今までの二人の本の内容と重なる部分はあっても、佐藤さんと僕が話せば、お互いを刺激し、「世間」と「同調圧力」に対する新たな戦い方を見出せるかもしれないと判断しました。

そしてなにより、二人が話せば苦しんでいる人へ届く範囲は二倍になるかもしれないと期待しました。
対談の一回目は、「緊急事態宣言」がつづく五月におこなわれました。

目次

第二部　同調圧力の正体——111

序章　コロナで炙り出された「世間」
――戦時という風景

異論を許さない空気

鴻上　二〇二〇年の前半はコロナ禍によってさまざまな風景が現れました。「自粛警察」「マスク警察」といった言葉に代表される、監視や排除の心情、あるいは差別と偏見。そうしたものが一気に炙《あぶ》り出されたと思います。なかでも、より分かりやすいかたちで可視化されたのが、日本社会の同調圧力だったのではないでしょうか。

同調圧力とは、少数意見を持つ人、あるいは異論を唱える人に対して、暗黙のうちに周囲の多くの人と同じように行動するよう強制することです。こうしたものに、僕はいまも、息苦しさを感じています。コロナが怖い、確かにその通りなのですが、それ以上に、何かを強いられることが、そして異論が許されない状況にあることが、何よりも怖い。

もちろんコロナ以前にもさまざまなかたちでの同調圧力は存在しました。たとえば学校や会社のなかで先輩や上司に言われたことはどんなにムチャな命令でも黙って従うべきだとか、会社が苦しいんだからいまは我慢しろとか、さまざまな理不尽を受け入れるしかない空気がありました。僕が以前からくりかえし述べている「空気を読め」の風潮です。それが、コロナによって、明確に、そして狂暴になって現れてきたように感じるんです。コロナは、確かに存在するくせに日本人および日本社会があいまいにしていたものを私たちに突きつけた気がします。

今回、佐藤さんに対談をお願いしたいと思ったのは、そうした同調圧力はどこから生まれるのか、どんなかたちで私たちに影響を与えるのか、そして私たちはどう生きたらよいのかをじっくりお話ししたかったからなんです。

佐藤　まさにいまは「戦時」ともいうべき状況にあるように思います。非常時、というよりも戦時です。この状況に僕は強い危機感を持っています。ふだんであれば、鴻上さんが指摘したような問題は局所的、限定的に起きているに過ぎなかったんですね。ところが、コロナ禍といった未曾有の事態が世界を戦時に染め上げました。実際、米国のトランプ大統領は自身を「戦時大統領」と称し、この国の安倍晋三首相もこの事態を「第三次世界大戦」だと口走ったらしい。しかも死者や感染者数が連日、まるで〝戦果報告〟と見紛うようなかたちで報告されます。まるで大本営発表ではないですか。戦時に優先されるのは個人の権利よりも、為政者にとって都合の良い国益です。

だからこそ相互監視や移動の制限も肯定される、というよりも奨励される。

鴻上　それこそが、まさに同調圧力ですね。

佐藤　その通りです。もちろんどこの国も極限状態にありますから、それなりに同調圧力はあると思います。けれども程度のひどさという点で、日本は突出している。海外ではコロナ禍にあっても、ロックダウン反対などの大規模なデモがくりかえされるわけです。堂々と国の方針に逆らい、異論をぶつける人も少なくない。日本はどうでしょう。「ルールを守れ」「非常時だから自粛しろ」といった多数の声、つまりは同調圧力によって、異論が封じられています。たかだか数店舗のパチンコ店が緊急事態宣言下でも営業しただけで、店舗名が公表されたうえで激しいバッシングを受ける。感染者のプライバシーまで暴かれる始末です。怖いですよ、これは。

鴻上　僕もコロナが深刻化してからずっと、「戦時下」を生きていると思ってます。

佐藤　航空会社のキャビンアテンダントがボランティアで防護服をつくるといった話がありましたね。まるで千人針。これもまた戦時下の風景です。「コロナ疎開」なんて言葉も生まれましたよね。戦時でもなければ使うことのない言葉です。

そして何よりも問題なのは、戦時なのだからということで、市民の側が持つべき権利も、政府にとって都合の悪い問題も、すべて棚上げされてしまったことにあります。私権を制限する「特別措置法」改正は、与野党一致の「大政翼賛会体制」のもとでさしたる抵抗もなく国会を通過しました。メディアはもちろん、国民の側からもそれを批判する声はほとんど聞くことができませんでした。その間「桜を見る会」問題も「森友学園」問題も、ぜんぶチャラになった。戦時なのだから、国難なのだから、「挙国一致」が必要なのだから、政府批判は控えよという空気が醸成された。それが同調圧力を生み出していきます。

メディアが煽る危機

鴻上　戦時下だと考えれば相似形がたくさんあります。第二次大戦中って、ミッドウェー海戦以降負け始めてからは、本当はどれぐらい損害があったかとか、どれぐらい敵を倒したかとか、ちゃんとした計測ができなくなったし、しなくなった。希望的観測だけを語り始めるようになったんです。今回のコロナ禍にしても、実際は何人が感染していて何人亡くなっているのか、ＰＣＲ検査が少なくて正確には分からない。肺炎の死者とされている人のなかで何人がじつはコロナで死んでいたか、発表もされていない。実数は不明だけれど、すでに希望的観測だけが独り歩きしている状況が相似形です。

佐藤　これをメディアが何の検証もなく垂れ流している。

鴻上　まさに戦争中と同じですね。「新しい生活様式」なんて、戦時スローガンと言ってもおかしくないです。

佐藤　コロナが広がってもいいのか、他人に迷惑をかけてもいいのか、そんな危機感で人びとを脅迫しているわけです。そりゃあ「迷惑かけていいのか」と問われて、「構わない」と返答できる人は少ない。戦争中と同じで異論を言うだけで非国民扱いされるでしょう。こうした空気にメディアの多くも無批判に乗っかる。テレビなんて、どの局も同じことしか言ってないじゃないですか。生活を変えろとか、いまは我慢すべきだとか、説教ばかりをくりかえす。

鴻上　感染者の正確な数字も出てこないのに、観念論ばかりが押しつけられています。じつは戦時中も軍部が正しい情報を知っていて国民に隠していたのではなくて、軍部自体も正しい情報が分かっていないんですね。たとえば一九四四年の台湾沖航空戦で、敵の空母を一一隻沈めて、八隻を撃破したと海軍が発表する、陸軍がそれを聞いて万々歳で新しい作戦を立てる。海軍は海軍で後々沈めたはずの空母を見つけてしまってびっくりする。でも陸軍に言えないからそのまま進んでいくみたいな。実際は一隻も撃沈も撃破（大破）もしていないんですね。もう何だか、ほんとうにすごく相似形だと感じます。そういえば飲食店や娯楽産業の営業自粛なんてのも、戦時の風景ですね。パチンコ店が政府から不要不急産業に指定され、営業を中止したのは一九四二年のことでした。

佐藤　スポーツ競技なんかも全部そうでしたね。高校野球や大相撲、プロ野球にJリーグ、これらが全部中止になったり、無観客試合になったり、とにかく戦時中と同じようなことが起きています。そもそも緊急事態宣言が出るまでの過程を見ても、太平洋戦争突入時と似ています。緊急事態宣言を後押ししたのはメディアでした。このままではニューヨークやロンドンと同じことになる、早く宣言を出せと政府をせっついた。非常時なのだからと、「世間」もこれを後押ししましたね。太平洋戦争の時もそうでしょう。政府とメディアが危機を煽った。アメリカ憎しの空気をつくりあげた。世の中が「戦争しかない」といった雰囲気に染められる。満を持して一気に戦争突入です。当然、戦争に異を唱えるような少数意見は弾圧される。

鴻上　たとえばネットを見ていても、異論に対する〝総攻撃ぶり〟などは、まさに戦時そのものです。政府の意を汲んだメディアによる世論誘導も同じです。メディアに関して言えば、日露戦争前夜も同様です。開戦論を主張する新聞は、和平論を主張する新聞の何十倍も部数を伸ばしました。「和平なんて、軟弱なことを言うな」といった空気が、和平論を潰していくんですね。戦争は軍部が暴走し独走した結果だ、あるいは独占資本が牽引したなど、さまざまな意見がありますが、僕は、国民やメディアがその空気をつくり出したことが一番の原因だと思ってます。ここまで盛り上がってしまえば、今さら後には引くことができない、止められない、やめてしまえば国民に何を言われるか分からない、というレベルに当時の政府も軍部も追い込まれた。

佐藤　空気を読んだわけですね、政府も軍部も。国民がそこまで引っ張り上げた。

「日本人ならぜいたくは出来ない筈だ！」

鴻上　もうひとつ戦前の話をすると、一九四〇年に「七・七禁令」という省令が発表されました。ぜいたく品の製造や販売を禁止したリストです。高級品、たとえば何円以上のメロンやイチゴは禁止です。一定額以上の腕時計や靴、ワイシャツなどもリストに入れられました。この「七・七禁令」が出たとき、街に張りだされた標語には「日本人ならぜいたくは出来ない筈だ！」と記されていました。こんな同調圧力を見事に一言であらわした標語はないと思います。つまり、ぜいたくをしているのは日本人じゃないという。もう八〇年ぐらい前のことですが、このマインドはいまも何も変わっていないですよね。ちなみに戦前は「隣組」とか「国防婦人会」が「反日」を細かく監視し、今はネットが担当してます。

佐藤　日本人なら要請に応じて自粛するはずだという感覚ですね。

鴻上　そういうことです。

佐藤　自粛に応じない者は非国民。

鴻上　そう。だから戦前と同じように、それを日本人の美徳だとか、あるいは〝民度〟とか言っている人もいるわけです。

佐藤　しかも大臣が率先してね。

鴻上　日本では欧米のような「命令」も「ロックダウン」もありませんでした。市民に対しては「外出自粛」、商店や企業に対しては「休業要請」です。ある意味、ゆるい。ゆるいけれども、多くの人びとはそれに従い、従わない者が白眼視されていきます。それこそ僕が先に述べた「空気を読め」といった感覚に支配されています。

過剰に忖度し自主規制するシステム

佐藤　海外、特に欧米は厳しい対応をしました。外出禁止命令を出し、マスクの着用も義務付け、違反に対してそれなりの罰則を設けた国も少なくない。法を整備し、ルールをつくり、罰則も定め、しかし、同時に補償も用意するわけです。命令と補償がセットになっています。しかも、政治指導者がそれなりに国民に語りかけ、納得を得ようと努力した。

鴻上　政治指導者には指導者としての「言葉」がありましたね。演劇の演出家から見ると、自分の言葉で話しているという説得力がありました。しかし日本の場合は……。

佐藤　日本は強制力もなければ補償も明確でない「緊急事態宣言」です。「自粛」と「要請」ばかりで、海外からも「ゆるすぎる」といった批判がありました。でも、日本ではこれで充分なんです。罰則がなくとも、人びとは羊のように大人しいし、従順にこれを受け入れる。

鴻上　「要請」ですから、最終的に政府は責任をとらなくてもよいわけです。イギリスでも当初、政府は劇場の休業を「要請」したんです。でも、イギリスの演劇人たちは、それでは補償の対象にならないから、はっきりと閉鎖の命令を出してほしいと声を上げました。これに対し日本は責任を国民に押しつけるシステムです。

佐藤　その通りです。そこが問題なのです。要請に従うかどうかは任意である、君たちの自由意思である、というかたちの責任逃れ。しかし、それが意外とうまく機能してしまう。それを「民度」が高いと考える人もいるのかもしれませんが、実際は、「周囲の目の圧力」、つまりは同調圧力がきわめて強いからですよ。強制力のない「自粛」や「要請」であっても、それを過剰に忖度し、自主規制する。まわりが「自粛」し「要請」に従っている場合、それに反することをすれば、まちがいなく鴻上さんが言うところの「空気読め」という圧力がかけられます。圧力は人びとの行動を抑制するだけでなく、結果として差別や異質な者の排除にも発展していく。

同調圧力と相互監視を生む「世間」

鴻上　コロナに感染しただけで何か凶悪事件でも起こしたかのように責められますからね。実際、感染者のプライバシーがネットで暴かれ、電車に乗って移動したとバッシングされました。あるいは芸能人やスポーツ選手の場合ですと「感染して申し訳ない」と謝罪に追い込まれました。社会の中に感染者を差別、排除しようとする強い空気を感じます。そこには病者への気遣いも同情も見えない。ウイルスは人を選ばないのだから、誰であっても感染する恐れはありますよね。本来、頭を下げて謝るようなことではないと思います。感染者、なかでも若年層の感染者に対しては、この非常時に自粛することなく遊びまわっていたから悪いのだ、と考える人が多いからでしょうが、まさに非難と中傷が同調圧力となって感染者に襲いかかる。

佐藤　僕は最近ずっと、加害者家族に対する「バッシング問題」を考えています。日本では、殺人などの重大犯罪が犯された場合、加害者の家族がひどい差別やバッシングを受けます。これは、コロナ感染者に対する差別やバッシングと非常によく似ていると思いました。日本人の間に「犯罪加害者とその家族は同罪」といった意識が浸透しているからです。犯罪被害者への同情や正義感でもありますが、「敵」とみなした相手を一斉にバッシングする排除の論理が働いているのでしょう。一種の処罰感情とも言えます。この同調圧力が、加害者家族を苦しめます。ただし加害者家族に対するバッシング問題は、深刻ではあるけれど、いくつかの例外を除けば、大きな問題として一般に認知される機会はこれまでありませんでした。ところが、加害者家族に対するバッシングとまったく同質の問題が、いま、コロナ禍をきっかけに大挙して噴き出てきたわけです。感染者やその家族に向けられた差別やバッシングというかたちで。感染者が悪くもないのに謝罪するのも、そうした圧力があるからですね。

鴻上　コロナがやっかいなのは、無症状の感染者が少なくないことですね。誰が感染しているのか、あるいは自分が感染しているかもしれないといった恐怖と不安が常につきまとう。

佐藤　だからこそ人びとは疑心暗鬼になり、他人が信じられなくなり、「万人の万人に対する戦い」のなかに叩き込まれます。これはホッブズ（Thomas Hobbes）の言葉ですが、人間は法も国家もない「自然状態」になると、お互い殺し合いになるような状況になるという意味です。

鴻上　実際、すさんできましたよね、世の中が。SNSも、ネットニュースのコメント欄も、人を一方的に罵倒したり、非難したりするなど攻撃的なコメントがより目立つようになりました。間違いなくコロナの影響だと思います。

佐藤　そこで考えていかなければならないのは、同調圧力と相互監視によって支えられる「世間」の問題です。

鴻上　いよいよ本題に近づいてきました。

　こうした同調圧力を生み出す「世間」とは、いったい何なのか。コロナによって炙り出された風景は、「世間」とどうつながるのか。佐藤さんとじっくり議論していきたいと思っています。

第一部　「世間」が生み出す同調圧力

世間と社会はどこが違うのか

佐藤　「自粛」と聞いて僕がすぐに思い出したのは、二〇一一年の東日本大震災直後に人の姿が消えた異様な街の風景でした。あのとき、被災地に大挙して入ってきた外国メディアから絶賛されたのは、海外だったらこうした無秩序状態でおこりうる略奪も暴動もなく、被災者が避難所できわめて冷静にかつ整然と行動していたことです。

今回の自粛もそうですが、命令があったわけでもないのに、いったいなぜこういった行動を取れるのでしょう。僕の答えは簡単で、日本には海外、とくに欧米には存在しない「世間」があるからです。震災で「法のルール」がまったく機能を失っても、避難所では被災者の間で自然発生的に「世間のルール」が作動していたんですね。ところが欧米には社会はあるが、「世間」がないために、震災などの非常時に警察が機能しなくなり、社会のルールである「法のルール」が崩壊すると、略奪や暴動に結びつきやすい。アメリカなどで災害時にスーパーなどが襲われ、商品が略奪されるのはそのためです。

鴻上　肝心なのはそこです。「世間」と「社会」はどこが違うのか。

佐藤　それがきわめて重要です。日本においては、「世間」と「社会」の違いこそが、ありとあらゆるものの原理となっているのですから。

鴻上　おそらく学者である佐藤さんと、作家である僕では、語るべき言葉の質が違うと思います。まずは僕からその違いについて説明させてください。僕がいつも単純に説明しているのは、「世間」というのは現在及び将来、自分に関係がある人たちだけで形成される世界のこと。分かりやすく言えば、会社とか学校、隣近所といった、身近な人びとによってつくられた世界のことです。そして「社会」というのは、現在または将来においてまったく自分と関係のない人たち、例えば同じ電車に乗り合わせた人とか、すれ違っただけの人とか、映画館で隣に座った人など、知らない人たちで形成された世界。つまり「あなたと関係のある人たち」で成り立っているのが「世間」、「あなたと何も関係がない人たちがいる世界」が「社会」です。ただ、「何も関係がない人」と、何回かすれ違う機会があり、会話するようになっても、それはまだ「社会」との関係にすぎませんが、やがてお互いが名乗り、どこに住んでいるということを語り合う関係に発展すれば、「世間」ができてくる。

佐藤　日本人は「世間」に住んでいるけれど、「社会」には住んでいない、ということですね。

鴻上　はい、昔からよく言われますね。エレベーターなどで知らない人と同乗すると、日本人はお互いに何の会話もしないまま、光る数字を見上げているとか。同じ「世間」の人ではないからですね。

佐藤　欧米の人はホテルの廊下ですれ違った際にも挨拶をしてきますね。

鴻上　何で僕が「世間」と「社会」の違いを言い続けているかというと、今は「世間」というものが中途半端に壊れてしまっていると考えてもいるからなんです。たとえば江戸時代——いや、明治から大正、昭和の終戦前後まで含めてもいいと思っているのですが、隣近所とお米とかしょうゆの貸し借りが都会でも当たり前のようにおこなわれていました。まだ「世間」が充分に機能していたんですね。「世間」がいわゆる「セイフティーネット」の役割を担っていて、同じ「世間」に生きる人を守ってもくれていたのです。

ところが、「世間」が中途半端に壊れてきた今は結局、守ってくれるものが中途半端なかたちでしか存在しない。だから、僕たちがつながらなければいけないというか、手を伸ばさなければいけないのは、「社会」という自分とは無縁の人たちの世界で、その人たちとどう関係をつくっていくか。そこにしか日本人の未来はないんじゃないかと思っているのです。でもいま、SNSという、とても利用しがいのあるものを手にしたのに、社会とつながって、社会を広げていくのではなく、逆に「幻の世間」、今ではセイフティーネットの役割をあまり果たしていない「世間」にすがろうとしてみんな苦しんでいるんじゃないか。それが僕の時代認識です。佐藤さん、補足でも異論でもけっこうですから、続けてください。

世間と社会の二重構造

佐藤　異論というほどでもないのですが、少し違うとすれば、「中途半端に壊れている」というあたりですね。あとで述べますが、僕は二〇年ほど前に「世間」が復活・強化されたと考えています。「世間」と「社会」をごく簡単に定義すると、社会というのは「ばらばらの個人から成り立っていて、個人の結びつきが法律で定められているような人間関係」だと考えています。

鴻上　法律で定められている人間関係が「社会」。ああ、なるほど。

社　会	世　間
契約関係	贈与・互酬の関係
個人の平等	長幼の序
個々の時間意識をもつ	共通の時間意識をもつ
個人の集合体	個人の不在
変革が可能	変革は不可能
個人主義的	集団主義的
合理的な関係	非合理的・呪術的な関係
聖／俗の分離	聖／俗の融合
実質性の重視	儀式性の重視
平等性	排他性（ウチ／ソトの区別）
非権力性	権力性

「社会」と「世間」の比較　（佐藤直樹著『「世間」の現象学』青弓社より）

佐藤　一方「世間」というのは、「日本人が集団となったときに発生する力学」と考えています。それはある種の人間関係のつくりかたのことなんですが、「力学」と言ったのは、そこに同調圧力などの権力的な関係が生まれるからです。「世間」という言葉はすでに『万葉集』で山上憶良《やまのうえのおくら》が「世間《よのなか》を憂《う》しとやさしと思へども飛びたちかねつ鳥にしあらねば」と歌っていますが、一〇〇〇年以上の歴史があります。日本人は長いことこの「世間」に縛られてきた。極端に言えば、日本人の人間関係のつくりかたは、これだけスマホなどの電子的なコミュニケーションの手段が発達しているのに、一〇〇〇年以上の間ほとんど変わっていないと思います。

社会は、当然ながら江戸時代にはなく、一八七七年ごろにソサエティ（society）を翻訳してつくった言葉です。これを「世間」と訳さなかったのは、社会が個人や人間の尊厳と一体となった言葉であることが分かったからではないでしょうか。問題なのは、日本人は「世間」にがんじがらめに縛られてきたために、「世間」がホンネで社会がタテマエという二重構造ができあがったことです。おそらく現在の日本の社会問題のほとんどは、この二重構造に発していると言ってもいい。

鴻上　だから、「世間」と「社会」の違いが大事ですね。

「お返しのルール」――LINEの既読無視が問題視される理由

佐藤　そうです。僕は「世間」を構成するルールは四つあると考えています。

まず一番目には**「お返しのルール」**。毎年のお中元・お歳暮に代表されますが、モノをもらったら必ず返さなければならないと。結婚や出産に対しての内祝い、旅行先でのお土産など日常生活の多くの場面に、この**「お返しのルール」**が顔を出してくる。これほど大規模にモノのやりとりをすることは、海外ではありません。しかも、「お返し」をちゃんとしないと人格評価に関わってくるんですね。さらに言えばこれはモノに限らず、メールのやりとりでも必ず返信することを迫られる。ＬＩＮＥの「既読無視」が問題視されるのはそのためです。「いただきっぱなしでは悪い」、お返しをしないとカドが立つと感じるのは、この**「お返しのルール」**に深く囚われ、同調圧力に強迫されているからです。

「身分制のルール」――なぜ名刺をもらうと安心するのか

佐藤　二番目は**「身分制のルール」**ですね。年上・年下、目上・目下、格上・格下などの「身分」がその関係の力学を決めてしまうのです。「世間」の中でどういう地位にあるかがとても大きな意味を持っていて、序列が上の者には従わなくてはならない空気が作り出されるのです。ママ友なんかでも、格上・格下といったママカーストに縛られることが少なくありません。

鴻上　学生で言えば、クラスのなかで序列ができてしまうスクールカーストもありますね。部活では先輩・後輩といった関係に縛られます。言葉遣いまでもが「身分」によって変わってきます。

佐藤　まさにその通りです。言葉、言語の問題、たとえば英語と日本語を比較してみるとすぐに分かります。英語の場合は自分を意味する「I」も、あなたを意味する「You」もたった一つの言葉しかないんです。ところが日本語は、「I」を意味する言葉も、そして「You」も、言葉は山ほどあります。我々はどういう言葉を使わなければいけないかということを頭のなかで瞬時に判断し、無意識に使い分けているんですね。なぜ使い分けなければいけないかというと、そこに「身分」があるから。「身分」に合わせて自分を下げるのか、あるいは下げなくていいのかなどと、言葉を使い分けなければいけない。これはものすごくストレスがかかってくると思うんです。だから、みんな……。

鴻上　日本人が名刺をもらうとほっとする感覚ですね。サラリーマン同士が会って、名刺を交換し、自分の会社より上だとか下だとか、役職が上か下か、を確認する、あの感覚です。

佐藤　ええ、確認できると安心するわけです。僕はイギリスの大学に三ヵ月間客員研究員として滞在したことがあったのですが、日本国内の感覚でたくさんの名刺を持っていきました。でも、結局、二枚しか使わなかった。そのうち一枚を渡した相手は、大学のサマースクールに学生を引率して来ていた日本人です。もう一枚は、たまたま学部長に会ったときに「今夜、パーティーをやるから、うちに来ない？」と言われて、「ああ、行きます、行きます」と。そのときに自宅の住所が書かれた名刺を渡されたので、こちらも渡したんです。それだけでしたね。

鴻上　イギリスなどでは、パーティーもそうですが基本的に、自分がどういう人間であるかということを言うだけでいいんですね。身分の上下は関係ない。

「人間平等主義のルール」——強いねたみ意識

佐藤　そして三番目のルール。「みんな同じ時間を生きている」と考える**「人間平等主義のルール」**です。日本においては、「先日はありがとうございました」「今後ともよろしくお願いいたします」といった常套句がメールでも手紙でも添えられますが、これは同じ時間を過ごしている、すなわち同じ仲間であることの表明です。共通の時間を生きているために、感情的な連帯を生むことになり、これが「世間」は皆同じという、独特の人間平等主義につながるのです。この人間平等主義は『タテ社会の人間関係』の中根千枝《なかねちえ》さんの言葉です。人間には能力や才能の差があるのに、それを認めない。たまたま運が悪かっただけと考える、ということです。一種の悪平等とも言えるでしょう。

鴻上　平等という言葉はどこか美しく響くのだけれど、「違う人にならないでね」という同調圧力を意味しているわけですね。そういえば、運動会の徒競走で、順位を競わせない学校が一時期、話題になりました。

佐藤　そう、全員が手をつないでゴールするとかね。走るのが遅い人がかわいそうだからという発想です。ちょっと違うだろうと僕は思うんですけれども、そうしたことが普通にあります。だからこそ平等を意識しながらも、コラムニストの小田嶋隆《おだじまたかし》さんの言う、「ねたみそねみひがみやっかみ」が強くなる。例えば誰かが高額の宝くじに当たって、もしそれが外に知れたりするととんでもないことになる。海外では、宝くじに当たった人がメディアに堂々と顔を出していますし、実名で取材に応じています。

日本でそんなことをやったら、「世間」からねたまれて、とんでもないことになる。それだけ「みんな一緒」という同調圧力が強いのです。

鴻上　なぜ三番目のルールの平等という考え方と二番目の身分制が両立しているんですかね。

佐藤　不思議ですよね。身分制があるんだけど、みんな頭のなかでは平等だと思っている。平等でなければいけないと。だから身分制があっても、自分はたまたま運が悪かっただけだと思い込んでしまう。

鴻上　本来、平等でなければいけないという刷り込みがあるから、自分よりいい思いをしているなど、平等でないものに対するねたみ意識が強いということでしょうか。

佐藤　そうだと思います。能力の差とか才能の差というのは必ずあるんだけど、それを認めることはない。ただし現実的には格上・格下や先輩・後輩などの身分制があるわけですね。だから、それで逆に余計にねたみ意識が強くなるという気がするんですね。しかも、ここ二〇年ぐらいのあいだにどんどん格差社会というものが広がっていますから。

鴻上　なるほど。逆に言えば、相手を身分でしか見ていないので、相手の能力をジャッジするということがとても恐ろしいということになりますね。これは能力を要求されることですから。

年齢を基準とすれば順番で済むので、ジャッジする能力がなくてもいいんですね。僕は今、アジア・太平洋戦争中のことをずっと調べているんですけど、旧日本海軍の海軍兵学校では一番から成績順に番号がつくんですね。それを「ハンモック・ナンバー」というんですけど、連合艦隊の空母とか戦艦とか、卒業のときの成績順に所属先が割り当てられていくんですよ。その成績順は卒業した後も絶対です。成長して追い抜くといったことを想定していません。あるいは明らかに三番目の人間のほうが戦術的にはたけていても、海軍兵学校の卒業時の順番によって、決して飛び越えられない。戦争ですから、生命がかかっているのに、よっぽどのことがないかぎり人事の順番を変えない。今の佐藤さんの話を聞いていて思ったのは、「おまえは卒業時の席次としては五番だけど、一番よりも作戦立案能力と実戦の指揮能力がある」とジャッジすることは、個人が確立していないとできないわけだから、「おまえは卒業のときに五番だからずっと五番目のポジションにする」と。つまり、個人を鍛えられることなく育ってきた日本人像が浮かび上がってきます。成績順というのは、能力主義とも違うのです。

佐藤　問われているのが個人としての力量ではないということですよね。

鴻上　そうです。ただ、卒業時の成績だけに頼るのです。このあたりは、霞が関の官僚についても当てはまるかもしれません。

個人がいない

佐藤　それで先ほどのルールの話に戻りますけれども、じつは三つ目の**「人間平等主義のルール」**にはあと二つほど意味があります。一つには、「出る杭は打たれる」に象徴されるように、全部平等というか、みんな同質だと考えるから、異質な者が外に排除される。つまり「ウチ」と「ソト」ができる。そこから差別の問題が生まれてきます。この問題はあとで触れたいと思います。

もう一つの意味がまさに、「個人がいない」ということなんですね。「世間」にはインディビジュアル（individual）が存在しません。「個人」という言葉も、じつはインディビジュアルという言葉を一八八四年ごろにヨーロッパから輸入して訳した造語なんですね。じゃあ今、インディビジュアルが存在するかというと、英語のインディビジュアルと、我々が普通に使っている「個人」という日本語とは、かなり違う。語源的には、individual の in は「否定」で divide は「分割する」ですから、これ以上分割できない最小単位なのですが、日本では「世間」が一つの単位になっている。日本語ではどちらかといえばネガティブな意味で言うんですよ。「あいつは個人主義的なやつだ」とか、そういう言い方をするわけです。ところが、インディビジュアルというのは意味が全然違っていてもっとポジティブです。

結局、「個人」が集まって「社会」ができるわけですね。先ほど少し触れたように、もともと日本にあったのは「世間」ですけれども、明治時代に「個人」と「社会」という言葉が入ってくるわけです。インディビジュアルとソサエティが入ってきて、それを翻訳したわけですね。この時に、近代市民社会という概念が輸入されたのですが、基本的に個人がいない「世間」みたいな関係、今、僕たちが持っている人間関係と同じようなものは、昔は世界中のどこにでもあったと思うんです。ただ、特にヨーロッパの場合は、一二世紀ルネサンスなどと言われるように、今から八〇〇年、九〇〇年前に、インディビジュアルが形成され社会ができてくるんですね。この頃、ヨーロッパの中心部には、都市が成立し、新しい人間関係が生まれてきます。大学もできるし、官僚も台頭する。ローマ時代の、国家から解放された個人に関心が寄せられるのも、この頃です。

鴻上　なかでも大きかったのが、キリスト教の影響だと佐藤さんはお考えですね、インディビジュアルの基礎となったのは。

佐藤　一番のきっかけとなったのは「告解」です。今もカトリックの教会に行くと電話ボックスのようなスペースがあり、カーテンの向こう側に司祭が座っている。そこで信者が「私はこんな悪いことをしました」ということを司祭に告白するわけですね。一二一五年に第四ラテラノ公会議がイタリアで開かれて、一年に一回、ヨーロッパ中の成人男女は教会で告解をしなければいけないということが義務づけられたわけです。自分の罪を打ち明けることになるのですが、では、罪とは何か。当時、家を建てたり結婚する際にも、月齢を観察する習慣がありました。現在の日本の大安にも通じますが、そういうことが罪となるんですね。これは邪教の教えということになります。つまり、キリスト教の教えに背いたことを告白しなければならない。そうすることでキリスト教以外の俗信や迷信を潰していったわけです。ちなみに告解は誰に向けてしているのかというと、それは神様に言っているわけです。神様に対して自分の内面をプレゼンテーションする。個人が内面と向き合うことで、個人の倫理、あり方を模索するようになる。そうした行為を通じて一二世紀ぐらいから徐々にインディビジュアルができ上がっていったということです。社会の最小単位とも言える個人がそこで形成された。それまではヨーロッパでも、個人というものはなかったんです。

鴻上　おもしろいのは、ヨーロッパにもかつては「世間」にあたるものがあったということです。

佐藤　先に述べた**「お返しのルール」**、つまり贈与・互酬の関係などは明らかに存在しました。聖書の「ルカによる福音書」（一四章）のなかに書いてあるんですよ。「お返しはするな」と。当時は盛んだったことの裏返しですね。

鴻上　おごってもらったら、お返しをするのではなく、貧しい人や傷ついている人に、その分を返しなさいということですね。

佐藤　そうですね。だから、友人や兄弟や親類や金持ちに、ご飯を食べさせたり、宴会に呼んだりすると、あとで「お返し」されることになるので、「お返し」のできない貧しい人やハンディキャップを抱えた人にこそ施すべきだと。そして貧しい人たちを助ければ幸せになれる、つまり、天国に行くことができるとキリスト教は説いたのです。これは「贈与慣行の転換」というのですが、現実にあった贈与関係、お返しの関係を否定して、すべて神様との関係に変えていくんですね。

鴻上　だからこそ海外では寄附がとても身近なんですね。日本みたいに偽善なんて言われないわけです。それはお返しではなく当然の行為ですから。

佐藤　話を戻しますが、告解を通じてインディビジュアルができ上がる。このインディビジュアルが明治期、日本にも入ってきたのですが、今に至ってもおそらく日本には存在しない。個人という言葉はあっても、本来の意味での個人ではないと。日本人は個人が嫌いなんですよ。二〇一二年に自民党がまとめた「日本国憲法改正草案」のなかでも、これは幸福追求権と言われる部分ですが、現行憲法で「すべて国民は、個人として尊重される」(第十三条)と書いてあるところを、草案では「全て国民は、人として尊重される」と書きかえています。自民党も個人が大嫌いなんでしょうね。

「呪術性のルール」——香典半返しは新しい習慣

佐藤　「世間」のルールの最後。四番目です。これは**「呪術性のルール」**。鴻上さんは

「**神秘性**」と言い換えています。たとえば「友引の日には葬式をしない」といったものです。日本にはこうした俗信・迷信の類いが山のようにあります。おそらく先進国のなかで、これだけ俗信、迷信を残している国は日本ぐらいだと思います。悪いことが続くと御祓《おはら》いに行こうなどというのもそうですし、大安の日に結婚式をするのもそう。別に法で定められているわけではありませんが、みんなの頭のなかに刷り込まれているし、縛られている。

鴻上　去年、僕は父親を亡くしたんです。葬式に際してはいろいろと戸惑うことがありました。たとえば「香典半返し」の習慣ってあるじゃないですか。これがすごい手間だった。だって、いちいち全員の香典の額を調べて、その半分をお返しするんですからね。こんなに面倒なことはない。葬儀業者によれば、事前に半額分の商品をずらっと用意して、香典をもらったらその場で手渡すことができるシステムもあるという。いやあ、なんか馬鹿馬鹿しくて利用しなかったけれど。ちなみに調べてみたら、香典半返しというのは、一九七〇年代以降にできた比較的新しい習慣なんだそうです。

佐藤　要するにビジネスですよね。恵方巻やバレンタインデーと同じく、企業がつくった習慣です。

鴻上　呪術性や贈与・互酬の関係を利用したビジネス。これも一種の同調圧力です。これに逆らうことに抵抗がある。だからみんな、こんなビジネスを受け入れてしまうんです。もちろん、おかしいと思っている人は少なくないと思いますよ、ただ恵方巻やバレンタインデーと違って、葬式に主体的にかかわることなんて、人生のうちに何回もないじゃないですか。だから仕方なく受け入れてしまうんじゃないかなあ。僕はこうしたビジネスにはできるかぎり抵抗していきたいと思っていますが。

佐藤　僕は母親が亡くなったとき、檀家となっている寺の坊さんを葬式に呼ばなかった。おかげで親族からものすごく非難されました。そのうえ坊さんからも電話があって「なんでおれを呼ばないのか」と。冠婚葬祭とかね、そうしたときにこそ「世間」がいきなり顔を見せてくる。僕は覚悟を決めていたからいいけれども、普通は、そうした場面で、逆らうことのできない「世間」の怖さを実感するわけです。近所や親族から排除されるかもしれないという恐怖には、なかなか勝つことができませんよ。だからこそ従わざるをえない。香典の半返しも、葬式も。

鴻上　キリスト教会はこうした迷信の類いを潰したんですね。教えに書かれていないことは邪教だとして。一方、日本は多神教のなかで人びとは生きています。

佐藤　日本では神様がどこにでもいるわけです。それも人間に限らない。針供養をやったり、福岡県の柳川市はウナギの料理で有名ですけれども、そこでは毎年一回、ウナギ供養がおこなわれる。つまり、ウナギが神様になる。ヨーロッパではそういう邪教というか民間信仰を当時のキリスト教が潰していって、一神教、一つの信仰にまとめられました。日本の場合は、非常に古い信仰というか多神教というか、アニミズムと言ってもいいと思いますけど、それがベースになっている。歴史的には、その後、日本に儒教が入ってきて、次に仏教が入ってきて、それからキリスト教が入ってくるわけです。だけど、キリスト教はほとんど普及しなかった。基本的に今でも一種のアニミズムが存在するので、だから恵方巻がはやるわけですね。あれはコンビニが仕掛けたイベントで、一〇年ぐらいで急速に全国展開したものです。それも、僕たちのなかに呪術性という非常に古い意識があるものですから、あっという間に広がった。

鴻上　日本人は結婚式はキリスト教で、お寺も神社もごちゃごちゃだから無宗教だなんて言われたりもしますが、じつは信心深いですよね。ただ、キリスト教の信心深さとは違いますね。多神教と一神教の違いですね。

佐藤　そう、キリスト教は神様が一人しかいないんですから。信仰という点ではそれが決定的に違います。話を戻しますと、こうした四つのルールからできあがったのが「世間」です。鴻上さんは、これにプラスして「差別的で排他的」を加えていますが、おそらく世界中でこれだけのルールを持って、そうした人間関係のつくり方をしている国は日本しかないんじゃないか。ただ、くりかえしますが、「世間」にあたるものはかつて、おそらくどの国にもあった。

排他性——「仲間外れをつくる」

鴻上　海外でも田舎に行けば今でも「世間」のようなものが残っているところはあると思います。アメリカだと例えばディープサウスと呼ばれる最南部ですと、周りの目がきついでしょう。アメリカ映画では、ヨソ者が地元のバーに入った瞬間に刺すような目で見られたり、ＬＧＢＴＱ＋の人たちが、田舎に行くほど迫害されたり、ということが描かれます。都会に比べて同調圧力をすごく感じます。

「世間」の特徴について、僕の言葉でも説明させてください。

僕は特徴を五つ、あげています。

一つ目は、佐藤さんと同じで**「贈り物は大切」**ということです。上司にはお歳暮やお中元、引っ越してきたら隣近所にタオルや石鹸、友だちの家に招かれたときは何か手土産。とにかく、「世間」は贈り物を送り、受け取る関係でできあがっているということです。外国人にはなかなか理解されません。この輪から外されると、同じ「世間」に生きていない、ということになります。

僕の二つ目は、**「年上が偉い」**です。佐藤さんの「身分制」ですね。とにかく、一つでも年上だと偉い。中学や高校の部活が一番、典型ですね。外国人がとても不思議がります。どうして、たった一つしか歳が違わないのに、片方は奴隷のようで片方は王様なのかと。奴隷と王様という単語は知り合いのドイツ人が言っていました。

三つ目は、**「『同じ時間を生きること』が大切」**です。

あなたと私は同じ時間を生きている、それが同じ「世間」を生きているという証明になります。上司が帰るまでどうして会社から帰れないのか、どうして無意味な会議が多いのか。それは、すべて「同じ時間を生きること」が同じ「世間」を生きる証明だと思われているからです。

効率ではなく、どれだけ同じ時間を過ごしたかが、同じ「世間」かどうかの判断材料なのです。最近は減りましたが、同僚との連日の飲み会とかは、「同じ時間を過ごしている」という確認ですね。

四つ目が**「神秘性」**です。佐藤さんが「呪術性」と言っているものです。「世間」には不思議なルールがある。「うちは昔からそうしてるから」とか「それが伝統的なやり方だから」「しきたりだから」「うちの会社のルールだから」と、「世間」には守らなければいけない、論理的ではない、神秘的なルールがあるのです。学校の校則などもそうでしょう。守れば、同じ「世間」の一員です。「全然、合理的じゃないでしょ！」と拒否すれば、その「世間」からはじき飛ばされます。

そして、五つ目が**「仲間外れをつくる」**です。「排他性」ということです。**仲間外れをつくる**ことが、自分たちの「世間」を意識することだし、強固にすることです。まとまろうとしたら、まずは敵をつくる、ということですね。

これが僕の「世間」の五つの特徴です。佐藤さんの分類も納得できます。要は、「世間」というものの特徴をいろんな角度から分類しているのだと思います。

ちなみに、この五つのルールのうち、一つでも欠けた場合に表れるのが「空気」です。僕は「世間」が流動化したものが「空気」だと思っています。「空気」に支配されるのは、それが「世間」の一種だからです。

得体の知れない鬱陶しさ——同調圧力は訳せない

鴻上　この前、ワルシャワ大学に呼ばれて、日本語科のポーランド人たちに「世間」と「社会」と「空気」の話をしてきました。六〇人くらいが集まったのですが、感想として寄せられたレポートが興味深かった。ポーランドにも「世間」があると答えた学生と、日本はそういう世界なんですかと不思議がる学生に分かれたのです。また、講義を終えたら三人のポーランド人が僕のところに来て、「私が日本にいて受け入れられなかった理由がやっと分かりました。私は日本の世間からはじき飛ばされていたんですね」と、流暢な日本語で話してくれたんです。ポーランドでも田舎に行くと、**仲間外れをつくる**とか、年上を敬う、従うというようなことがあるそうです。

佐藤　年上・年下の**「身分制のルール」**の問題ですね。

鴻上　ただし日本は程度がすご過ぎるというか。先輩・後輩の関係など、まさにそうでしょう。学校の部活などでは、後輩という存在は奴隷みたいなものですからね。

佐藤　学年が一年違うだけで抗うことのできない「身分」が確立されるなんて、海外では考えられないことですよね。しかも部活とかサークルといった狭い世界で同調圧力がかけられる。相当にしんどい。

鴻上　欧米でも目上の人を重んじるとか、敬うとかいったマナーはそれなりにはありますけど、日本とは違いますね。

佐藤　部分的には海外にも「世間」はあると思うんです。**「お返しのルール」**も、欧米でもクリスマスプレゼントとか誕生日プレゼントを贈り合う習慣はあるわけですよね。だけど日本のお中元・お歳暮のような大規模なかたちではない。しかも、おそらく世界一だと思うけど、こんなに「お返しをしなければ」と囚われてしまうような同調圧力の強い国はないんじゃないかと思うんですね。

鴻上　そもそも日本以外の国で同調圧力って言葉があるんですかねえ。

佐藤　先日、コロナ禍について共同通信の取材を受けたのですが、そのときの記事が英字紙『ジャパンタイムズ（The Japan Times）』に掲載されました。興味深く思ったのは、僕が指摘した「同調圧力」が、記事の見出しで「peer pressure（ピアプレッシャー）」と訳されていたことです。

鴻上　不思議な訳ですね。

佐藤　peer（ピア）は仲間とか友人を意味する言葉。つまり、「peer pressure（ピアプレッシャー）」を直訳すれば仲間からの圧力。一般的には職場での労務管理とか生産性向上などを実施するような場面で使われるものです。同調圧力とはちょっと違うニュアンスでしょ？

鴻上　違いますね。でも、外国人に向けてはそう訳すしかないのかなあ。僕らが感じる得体の知れない鬱陶しさとか息苦しさが、この言葉からはイメージできません。

目に見えない他者の恐怖

佐藤　同調圧力という言葉は、抽象的なんですよね。漠然としている。この件に関連して面白い話を思い出しました。以前、在韓の韓国語の日本人通訳に「世間」について聞いてみたことがあります。韓国にそのような言葉はあるのかと。すると、世間に近い言葉は存在するけれど、日本でよく使う「世間様」というかたちのように人格化はされていないと言うんですね。だからそうした意味での「世間」はないのだそうです。まあ、半分冗談なんですが、韓国はヨーロッパまで歩いて行けますから、思考が大陸的なんだと思います。

鴻上　僕らが言う「世間」って、目に見えない、どこかにいるかもしれない他者、といった恐怖をイメージさせます。そう、確かに漠然としていますよね。韓国では目上の人の前でお酒を飲むとき、横を向いて、口元を手で隠したりしなければならないとか、ルールもじつに具体的ですよね。「世間様」から後ろ指をさされるというのではなく、知り合いの目上の人から直接に叱られるといった具体的な恐怖。そこが日本とは違うのでしょう。

佐藤　そして日本では「世間様」をイメージし、暗黙のうちに合意されたルールを遵守しないと「世間」からハブられることになります。

鴻上　日本において「世間」の本質とは、その暗黙のルールに従いなさい、みんなと同じことをしなさい、という同調圧力のことですね。「世間」の強さが、同調圧力を生み出すわけです。

佐藤　「世間」が強い日本。そういうことですね。

鴻上　たとえばコロナの影響で言えば、欧米はすぐさま都市をロックダウンしました。

しかしペットを連れた散歩は許されたんですね。すると、犬の着ぐるみ姿で街を歩く人が現れた（笑）。

佐藤　日本だったら即座に批判、非難されますね。「世間のルール」を破った不届き者として。

鴻上　ネットで名前や住所が晒されるでしょう。ところが欧米ではこれを個人の抵抗として面白がるんですよ。もちろん、警察に見つかって罰金を払ったんですが。不届き者として責めるのが「世間」。個人の抵抗として捉えるのが社会。そうした区分けはできますね。

佐藤　その通りです。息苦しさを生み出す「世間」の同調圧力によって、個人の行動が抑制されるんです。

視線の交錯を嫌がる日本人

鴻上　はい。だからこそ、この対談が多くの人に届いてほしいと思うんです。昔は十把一からげで、みんなが「紅白歌合戦」を見て視聴率が七〇～八〇パーセントを超すという時代でした。ちなみに最高視聴率は、一九六三年の八一・四パーセントです。家族そろって見ることに誰も疑問を持たなかったのです。この時代は今とくらべると圧倒的に「世間」が強かった。いくら個人だ、個人だと言っても、「黙っとけ」ということになったと思うんです。でも、今はそれぞれ見たいものがバラバラで、ほんとうに個別化・多様化しているわけだから、ここを突破口に、何とかインディビジュアルという概念が、少しでも日本に定着すればいいなと考えているんですよ。そうすることで、世間ではない、社会とのつながりが見えてくる。

佐藤 ただ、インディビジュアルという概念はすごく難しくて、私も日本人なので、実感として分かるかと言われると、分からないんですよね。W・H・オーデン（Wystan Hugh Auden）という英国生まれの詩人は、具体的に、自分の周り七六センチ（三〇インチ）が個人の範囲であって、そのなかに入れるのは自分の恋人だけだと書いています。もしそのなかに誰か他人が入ってきたら、「銃はなくとも、唾を吐きかけることもできる」という内容の詩です。ちょっと日本では考えられないような内容です。コロナによってソーシャルディスタンスという言葉が登場しました。二メートルの距離感を僕たちは要請されたわけですが、正直、日本人の多くは「なんのこっちゃ」と思ったわけです。しかし欧米人は、少なくともオーデンの言うことにしたがえば、まず七六センチという個人の守備範囲がある。社会は個人から構成されていますから、これが社会での距離だとする前提がある。だから、外国人に言わせると、満員電車で毎日ぎゅうぎゅうづめになって通勤するというのはちょっと信じられないということにもなる。

鴻上　そう言いますね。ただ、不思議なのは、満員電車でいうと、日本人は身体的接触は我慢するんだけど、視線の交錯はすごく拒否するというか、目と目が合うのはすごく嫌がりますよね。日本人には視線恐怖が多いと聞いたこともあります。

佐藤　欧米とは逆ですね。欧米人は目と目が合わないと嫌だという感じです。視線を合わせるというのは個人と個人の間のコミュニケーションです。先ほど日本人はエレベーターのなかで挨拶しないという話が出ましたが、欧米ではエレベーターのなかに社会がある。だからエレベーターのなかで「グッド・モーニング」と挨拶を交わす。しかし、例えば僕が教えている大学で全然知らない学生にエレベーターのなかで突然話しかけたらヘンに思われるでしょう。

鴻上　日本ではエレベーターのなかで社会が成立しない。欧米では挨拶を交わすというのは礼儀というよりも、確認の場ですよね。私はあなたの敵ではありませんよ、という意味での。

佐藤　ややオーバーに言えば、近くにいても殺し合いにはならないことを確認するためです。知らない者同士が無言でいれば、あるいは殺し合いになりかねない。そうならないために国家と法ができたというのが、ホッブズの社会契約説なわけです。自分の自然権の一部を国家に移譲して、国家に守ってもらう。お互い同士、殺し合いにならないようにしましょうねというお約束です。日本人はそういった確認をする必要がないわけですよ。そんなものはもともとなくて、「世間」のなかにいるかぎり、殺し合いにならなくて済むから。自分の「世間」に属している人だったら挨拶できるけれども、それ以外の人、つまり社会の人には、どうやって挨拶をすればいいのか分からない、ということでもあるのではないでしょうか。

ウチとソト——外側の人間に無関心な理由

鴻上　では、よく言われる、「ウチとソト」と「世間と社会」の違いというのは、佐藤さんはどう説明していますか。

佐藤　僕はこう言うんですよ。社会というのは、原理的に一つしかないんです。一つしかないものにはウチもソトもないわけですよ。たった一つしかないものにはウチもソトもない。だから社会はあまり排他的にならない。ところが「世間」というのは、小さいやつから大きいやつまで、たくさんあるんですね。たくさんあるから、外側と内側の区別がお互いの世間の間でできてくる。排他性も生まれてきたりするわけです。

鴻上　僕が世間と社会の説明をすると、「それはつまり、ウチとソトのことでしょう。ウチが世間で、ソトが社会なんでしょう」とよく言われたりするんですよ。

佐藤　日本ではね。

鴻上　そう、日本では。日本人だと、ウチソト論というものが結構有名じゃないですか。自分が関係している世界をウチと呼び、それ以外をソトと呼ぶ。ウチソト論と、僕らが今言っている世間・社会論とは、どこが違うと思いますか。

佐藤　基本的に「世間」のあるところでは、「世間」の内側は身内ということですよね。「世間」の外側は何かというと、赤の他人。

鴻上　うん、ソトですね。

佐藤　赤の他人とか、ソトの人を「外人」という言い方もしますね。結局、世間の内側の人間に対しては非常に親切にするけど、外側の人間に対しては無関心か排除する。これが基本的な構図です。それで、日本人は社会に生きていないから、「世間」のソトにもやはり違う「世間」があって、そこでもウチとソトをつくっている関係じゃないですかね。「世間」の外側が社会になっているということではなく、たくさんの「世間」があって、それがお互い島宇宙みたいな感じで存在している。

鴻上　つまり、ウチとソトという単純な二分法ではないということですか？

佐藤　うん。つまり、こういうことなんです。例えばパブリック（public）という言い方があるじゃないですか。パブリックというのは、日本では「公共」と訳されていて、公共というのは公共事業とか、公共団体とか国家とか、そうしたものを意味する。しかし、パブリックの本来の意味は社会に属する概念で、しかも国とか、オフィシャルなものと対立する人びとのつながり。それが公共、パブリックなんですよ。これは「世間」全体を横断的につなぐ原理です。ところが日本では、「世間」のウチとソトの意識が強いため、共通の原理であるパブリックが成立しにくい。

鴻上　パブリックとは、すぐに国家だと思っちゃうわけですね。

「法のルール」より「世間のルール」――学校の掃除は日本だけ

佐藤　「社会」の話に戻りますと、欧米では殺し合いを避けるために法律ができた。アメリカは訴訟社会と言われるわけですが、法律以外に頼るもの、基準となるものがないんです。あれだけ多民族社会になって、宗教も違うし、物の考え方も違うし、目の色も違う。そういう人間が集まったときに、最終的に解決する方法は法律しかない。となれば、「社会のルール」というのは「法のルール」なわけです。ルール・オブ・ロー（rule of law）と言いますが、「法の支配」という意味です。

東日本大震災のときに海外メディアが避難所に避難している被災者の冷静さを見て、絶賛したという話をしましたが、では、欧米ではどうなのか。アメリカではハリケーンなどが起きると、スーパーマーケットが襲われたりするわけです。そうしたことが普通に起きる。中国でもよく起きますし、イギリスでも時々、暴動が起きますから、それは普通のことなんですけど、僕たちの感覚からすると逆に信じられないと。じゃあ、なぜそのようになってしまうかというと、非常時には警察が機能しなくなるので、

「法のルール」がなくなる。そういうときには、ほかに歯どめになるものが基本的に何もありませんから、略奪とか暴動に走りやすい。

ところが日本の場合、なぜ被災者があんなに冷静に行動できたのかといえば、「みんな同じ」ような悲惨な状況に置かれた場合、「みんな同じ」という同調圧力が働く。自分がこういう状況でも「しかたがない」と考える。「世間のルール」が働くんですね。だから、避難所に来ると、「おまえはトイレ掃除」とか「おまえは食事担当」とか、そういうかたちで任務分担をしちゃうわけですよね。これは国家や政治権力のような、上から降りてきて法律や暴力によって命令し、抑圧するような権力とは違うわけです。「世間」の関係性がもたらす権力というか、フーコー（Michel Foucault）は「網の目としての権力」という言い方をしていますが、それに近いかもしれないです。

だいたい、小学校、中学校で生徒に学校の清掃をさせるというのは日本だけでしょう。

鴻上　はい、そうです。日本を真似ようというところもありますが、トイレまで生徒に掃除させるのは日本だけでしょう。衛生面で子どもが心配だと外国人の親がよく言います。

佐藤　そういうかたちで、小さいころから「世間のルール」を学んでくる。そうしたルールを学ぶことで、強い同調圧力が形成される。警察が機能しなくなって「法のルール」が崩壊しても、結局、「世間のルール」が働いて、略奪も暴動も起きない。これが、日本が世界中で一番治安がよくて安全な国と言われていることの理由だと思うんですね。

　でも、それは果たして良いことなのか、後で話したいと思います。

ホームレス受け入れ拒否の論理

鴻上　以前に対談したイギリス在住の保育士で作家のブレイディみかこさんが「すごくびっくりした」と話していたのが、大雨のとき、東京の台東区で避難所に来たホームレスが受け入れを拒否されたという出来事です。もしもそのホームレスが亡くなっていたら、その拒否した職員は人を殺したという責め苦を感じないんだろうかと。でも、日本人としてすぐに分かるのは、責め苦を感じることよりも避難所の「世間」を守ることのほうが、彼にとってはプライオリティが高いということですね。
佐藤　そうですよね、「世間のルール」を遵守しないと「世間」から排除されるが故に、日本人はこれをじつに生真面目に守っている。誰に強制されたわけでもないのに、過剰に忖度し、自主規制し、「自粛」する。日本の犯罪率が低いのも、ついでにいえば自殺率が高いのも、他国では考えられないほど「世間」の同調圧力が強いためだと思います。

鴻上　「世間」の同調圧力が強いから、マスクとかトイレットペーパーとかの買い占めも、同時に起こりやすいんですね。もちろん海外でもパニックは起きるんだけど、パニックのカウンターがちゃんとあるんですよ。よくネットにアップされるのは、トイレットペーパーを山ほど買い占めて、店を出ようとした瞬間に、「待て」と言って、「あなたはそんなに買う必要はない」と冷静に諭す人が出てくる。もちろん欧米ではバイオレンスまで行って、女性二人が殴り合ったりする映像がネットに出たりするんですけど。すごいなと思うのは、パニックになる人はパニックになるけれど、ちゃんと「いや、そうじゃないんだ」と、個人として強く出る人がいることですね。すごくうらやましく感じます。

佐藤　だから、インディビジュアルが今こそ必要なんです。

「社会」の欠落したネット——なぜ「正義の言葉」をかざすのか

鴻上　今、ネットの話をしましたが、ネットで誹謗中傷をくりかえす人たちが世界中にいて、英語ではそういう人たちのことをインターネット・トロール（Internet troll）と言います。僕の発言などがネットで炎上した際、イギリス人などと話していると、「ああ、それはインターネット・トロールだから気にするなよ」と言われる。トロールとは、妖怪、クリーチャー、つまり特殊な少数者ということです。でも、日本ではそういう人のことを「ネット民」と言ったりします。ネットにいる人たち。民衆。つまり、特殊じゃないし、少数だという意識もあまりないんです。

佐藤　個人に対する誹謗中傷、罵詈雑言があふれているネットを見ると、ネットが世界に開かれているといった意識がまるでないのだなと思わざるをえません。つまりそこでも「社会」というものが欠落しているんじゃないか。例えば、二〇一六年の熊本地震の際、ネットで「不謹慎狩り」が起き、笑顔の写真をインスタグラムにアップしたタレントが「不謹慎だ」と批判されました。またタレントの紗栄子さんが、熊本県に五〇〇万円ほど義援金を出したことを公表したところ、「偽善と売名のにおいがする」などと中傷されました。ネットが「世間」をより濃密なものにしてしまったようにも思います。

鴻上　コロナ禍で差別や排除の風景が可視化されたのも、やはりネットのせいでしょう。僕はコロナ前から、ネットによって僕たちは自意識を過剰に拡大させてしまったと思っています。幼いころから、「いいね！」の数やリツイートの数を気にせざるをえなくなり、自分がどう評価されているかということに関してすごく敏感になってしまった。僕らが子どものころは、テレビに出るとか新聞に取り上げられることはものすごくハードルが高かったんだけど、今はもう簡単に、誰もが発信できるわけです。何を食ったか、誰と会ったか、何を見たか、それに対する反応を見て、自分自身への評価にしてしまう。自己肯定感とか自己承認というのは終わりがないから、欲求はどんどん肥大します。ところが、簡単に発信できるネットの世界でも、知識を誇ろうとしても、もっと詳しい人はいるし、すごい旅行をしたといっても、もっといろいろなところに行っている人はいて、批判されたり否定されたりする。おまえの体験とかウンチクはたいしたものじゃないと。すると、絶対に否定されない言葉を言うようになる。

それは「正義の言葉」です。未成年の飲酒の写真とかには、堂々と文句を言っても否定されない。「正義の言葉」をかざして、差別と排除に染まっていく。簡単に「自粛警察」にたどり着くと思います。

佐藤　そこに行き着く回路に個人、インディビジュアルは存在しないんですね。より強いもの、より勢いのあるものに乗っかるだけ。これもまた自己保身のための忖度でもあります。だいたい「社会」が見えていないのですから。あれ、何でしたっけ？アルバイトが店の冷蔵庫に頭を突っ込んだり、飲食店でお客さんに提供する食材をおもちゃにしたり、といった、ツイッターに不適切な画像をアップするという……。

鴻上　バカッターですね。

佐藤　そう、それ。「社会」という視点からいえば、本来ならば違法な犯罪に等しい行為です。でも彼らがそれを平気でやっちゃうのは、ネットが「社会」につながっているという意識がないから。「世間」の仲間ウチに向けたノリ。つまり内輪の芸です。

鴻上　徐々にネットと現実社会の境界を飛び越える人が増えるでしょう。ネットの言語に慣れてきますからね。たとえば飲み屋などでとても文字化できないようなヘイトスピーチを口にする人がいるじゃないですか。「○○人は出ていけ」とか。こうした人たちは、やはり、自分が持っている「世間」しか意識していないというか、外側に「社会」があることを分かっていない。白人至上主義の秘密結社クー・クラックス・クラン（ＫＫＫ）みたいなのは何で白頭巾で顔を隠すかというと、あれは外側に社会がちゃんとあることを知っているからなんです。白人至上主義の主張を、顔を出して堂々と言えるようなものでないことくらいは理解している。黒人を殺せとか吊るせとか、それは内輪でしか通用しないことが分かっている。でも、言わずにはいられないから、顔を隠して訴えるわけです。海外の極右のデモは「社会」を意識した緊張感がありま す。でも、日本の飲み屋などで、あるいは街頭でもそうなんだけれど、特定の民族や人種に向けて「死ね」などと、割と普通に聞こえる距離で言っているのは、その人の脳内に「社会」が存在していないからだと思いますね。意識すらしていないかもしれない。二〇一三年でしたか、大阪の鶴橋で在日コリアンを「虐殺する」と街宣した少女がいたじゃないですか。彼女もまた自分の「世間」のなかで生きてきたから、リアルな場所ででもあれだけの言葉を叫ぶことができたと思うんです。本当は彼女にも外側に「社会」があるのだと伝えたい。

人を見極められない日本人

佐藤　そこでまたネットの話になるのですが、じつは総務省の『情報通信白書』（二〇一八年版）に興味深い調査結果があるんです。これによると、欧米諸国に比べ日本は他人への不信感が強いという調査結果が出ています。すなわち、「SNSで知り合う人達のほとんどは信頼できる」かの問いに対して「そう思う・ややそう思う」が日本では一割ほどだが、ドイツは約五割、アメリカは約六割、イギリスは約七割にも上ります。また、ネットで知り合う人を信頼できるかどうか見分ける自信があると答えたのが、日本は二割ですが、英独仏は六〜七割もありました。

鴻上　この調査結果には驚かされました。SNSで出会う人間を信用している日本人は、全体の一割しかいないのですから。これはもう、ネットで「炎上」がくりかえされるのも当然でしょう。

佐藤　欧米人が他人を信用できると答えるのは、見分ける自信と能力があると考えるからで、別に人が良いわけではない。まさにヨーロッパで一二世紀以降に成立した個人とは、人間関係を自立的に判断する能力をもつ人のことだと思うのです。一方、日本人は、**「身分制のルール」**があるため、他人を信用できるか否かは、「世間」のなかでどういう地位や身分を占めるかによって判断してきた。これは、それを自立的に判断する能力が、日本では育たなかったことを意味します。人を見極める能力がないことが、根拠のない情報に踊らされ、パニックを起こしやすい理由となっているのではないでしょうか。

鴻上　ネットを、自分の「世間」を強化する方向に使って、「社会」とつながるために使わなければ、相手を見る能力は向上しませんよね。どんなことを言っていても、結局、敵か味方かしか判断しないのですから。敵なら「社会」で、味方なら「世間」と決めつけて終わりですから。

佐藤　結局、個人であるか、ないかということの違いだと思うんですね。**「身分制のルール」**があるので、その人間が信じられるかどうかということを、僕たちは名刺や肩書で判断する。自分の目の前にいる相手がどのような組織に属しているのか。役職は何なのか。そうしたことで人間を信用するという判断の仕方が当たり前だった。ですから、肩書や属性などが不明である場合、相手がどのような人間であるのか、それを判断する能力が日本人はなかなか身についてこなかったんですね。

鴻上　ＳＮＳでデマが流されたとしても、例えば自分の「世間」に属すると思う人の情報だったら、それだけで信じちゃうんですね。そこに検証という作業が欠けています。「世間」の人間は仲間だから、判断する必要がないと思うんです。何が正しいのか、自分ひとりで考えることがとても少ないと思います。僕は教え子の大学生に、二人で旅行に行くぐらいだったら、一人で行ったほうが危険は少ないよとよく言うんですよ。特に女の子たちに対しては。二人だと、お互いが依存しあってしまい、海外で変な男に声をかけられたらどうするかというときも、お互いに相手に判断をあずけてしまう。

佐藤　安心しちゃう。

鴻上　一人だと、ほんとうに自分一人しかいないから、洞察力が働く。というか、働かせないと自分の身が危ない。笑っている目の奥がすごく冷たいとか、私のカンが行くなと言ってるとか、そういうことがジャッジできて、じつは一人のほうが安全性は高いと、大学でアドバイスします。それは佐藤さんがおっしゃったように、僕らは肩書とか立場とかでジャッジすることになれてしまっているからです。そこから抜け出さないと。ただ、一人で考えるという環境が減っているようにも思うんです。いまは独り暮らしの学生って減っていますよね。親元から通学する学生が増えました。ずっと僕は「若いうちに独り暮らしの経験を積んだほうがいい」と言ってきました。寂しくてたまらないとか、一人で途方に暮れるとか、そうした経験を積まないままに大人にならないほうがいいと。ところが最近は、「経済的にそんなことができるわけがないじゃないですか」という反論が即座に返ってくる。これは学生たちのためにも困ったことだなあと、思っています。

佐藤　経済的な理由で、自立したくともできないということですね。

鴻上　そうなんです。でも、どんなに貧しい状況になろうと、一人で考えることは必要だと思うんです。たとえ独り暮らしができなくても、肩書で相手をジャッジしないとか、人間関係を先輩・後輩だけに依存しないとか、親の判断をうのみにしないとか、そういうことを考えてもらいたい。そのほうが幸せになれると思うんですよ。結果的に、余計なことで苦しむ必要がなくなるから。

佐藤　そちらのほうが楽だよと。

鴻上　そう。だけど、経済的な問題で一人になる機会がないとしたら、自分の頭で考える習慣をつくるのは、若い人にとっては難しいでしょうね。

佐藤　考える機会、学ぶ機会を失うことですもんね。相手を見分ける能力、危険を察知する能力までもが育たなくなる。序列だけで人を判断して、個人として主張する人間に対しては「みんな同じ」からはずれたとしてねたみや反感だけを募らせることになりますよね。

SNSは世間ネットワーキングサービス

鴻上　この間、週刊誌に書いた僕の記事がネットで炎上したんです。コロナ禍の影響で苦しんでいる演劇界への補償を求めた内容です。演劇界では二月二六日から自粛が始まり、収入が何割減ったということではなく、やるか、やらないかという選択肢しかないものですから、ゼロか百です。まあ、自粛とは言いながらも、同調圧力によってやめるしかないわけですから、結果はゼロ。自粛要請と休業補償はセットだと思って、演劇界が声を上げたわけです。ところが、すごく驚いたというか、予想できないレベルだったんですけど、「おまえたちだけが特別だと思っているのか」「おまえらは特権階級なのか」「好きなことをやっているんだから、自業自得だ」という反応が多く返ってきました。

佐藤　それはネット上の声ですか。

鴻上　はい。僕や仲間がＳＮＳでも発信したら、山ほど、「こじきか」とか「ふだんは偉そうに言っていても、結局は金か」とコメントが。仲間も僕もそれでも発言し続けていたんですけど、言えば言うだけ、「演劇なんていうのは好きなことをやってるんだから、黙っとけ」と返されてしまう。演劇界だけを、補償して欲しいなんて、そんなおこがましいことは一言も言ってないんですが。そこで僕が何を思ったかというと、これだけ多くの人が「好きなことをやってるんだから、黙っとけ」と批判するということは、そんなに好きなことをやっていない人たちが多いんだろうかということです。

佐藤　まあ、実際にそうなんでしょうねえ。

鴻上　それで連載している週刊誌にこう書いたんです。「まちのラーメン屋さんとか職人さんとかは好きなことをやっているんだろう。サラリーマンはどうなんだろうな。ましてや雇用が不安定な非正規の人たちは、好きなことどうこうじゃない。芸術に理解が欲しいとか、そんなことを言っている場合じゃなくて、とにかく自分がこの不安定さのなかで不安でやっていられない。だから、これは芸術の理解という問題じゃなくて、貧困と格差の問題なんじゃないか」と。最初のうちは「そのとおりだ」という反応でした。ところが、ネット掲示板やまとめサイトみたいなところで、「『文化への補償』を叩く奴は、好きなことを仕事にできていない非正規。by鴻上尚史」というようなタイトルをつけられて、記事の後半だけを引用して、紹介されてしまったんです。

佐藤　メチャクチャですね。要するに、鴻上さんが非正規を差別したと。好きなことをできていないから非正規なんだと、そんな文脈にまとめられてしまったのですね。文脈を無視して一部だけを曲解してネットに流すのが多いですね。

鴻上　そうなんです。週刊誌の記事では、僕もかなり慎重な物言いをしたつもりなんですよ。好きなことをしていても税金はちゃんと支払っている、といった文章を書いているのですが、それだけだと税金を払っていなければ国に対して補償を求めてはいけないのかという論にもなりかねないので、「（そうした考え方は）本当はよくないのだ」と前半にしっかり書き込んだんです。もちろん演劇界だけの休業補償ではない、とか。ところがネットでは肝心の前半部分が抜け落ち、後半だけが引用されているんですね。この時は、本当に心が折れたんですけれど、しばらくして、みんなコロナによってここまで追い詰められているというか、何かをたたくことで自分の存在意義を見つけたいと思っているんじゃないかとすごく思ったんですね。

佐藤　つまり、日ごろ、ストレスがものすごくある。先ほどから言っているように、「世間」というのはものすごくたくさんルールがあって、そのルールを遵守していなければ生きていけない。例えば**「身分制のルール」**にもとづく上下関係とか、そういうものにみんながとにかく耐えている。だから、つらいと思う。そのつらさというのは独特のもので、海外にはないようなものだと思うんですね。

鴻上　そうですね。だから、僕たちは「世間」に従っているから余計につらいのではないか、ということを言いたいんです。できれば直接に。

佐藤　でも、相手はみんな匿名ですよね。ネットですから。僕はそういうの、ほんとうに卑怯だと思っています。鬱憤晴らしもあるかもしれませんが、ちょっと許せない。

僕はSNSの最初のSは、「Seken（世間）」の略だと思っているんです。Socialではなくてseken。だから「Seken Networking Service」。ネットのなかで「世間」をつくっちゃうわけですよ。その延長線上にネットにあふれる罵詈雑言がある。やっぱり「世間」の抑圧感とか閉塞感とかが常に根底にあるんですよ。しかもコロナによって格差が拡大する、貧困の問題も深刻になる、それが非常に極端なかたちになってきているという感じがするんですね。だから、たたき方も尋常じゃなくなっている。これもまた、みんなが平等でなければいけないと思い込む「世間」のひとつの姿だと思います。つまり標準を少しでもはずれた者に対するバッシングですね。**「人間平等主義のルール」**が根底にあるので、たとえば一部のパチンコ屋だけが開いているのは平等じゃない、公平じゃないという批判の仕方になるんです。「みんな同じ」でなければいけないという考え方ですね。

鴻上　「みんな同じ」は、「違う人にならないでね」ということですね。まさに同調圧力です。

佐藤　その通りです。人とちょっと違うことがあれば、いじめの対象となってしまう世界。背が高くても低くても、どんなことでも、違いそのものがいじめる理由になるわけですよ。

鴻上　分かります。それは結局、今まで日本が「みんな同じ」ということで機能してきたからだと思います。江戸時代の村から高度成長期の「全社一丸」の時代までずっと有効でした。ただ、これだけ世の中で多様性が意識され、議論もされ、さまざまな価値観が許容されるようになっても、なぜいまだに「世間」を強化する側の動きが、こんなにもアクティブなのか。どう思われます?

格差拡大が「世間」を強化した

佐藤　僕は二〇年ぐらい前、おそらく一九九八年あたりがターニングポイントだと思っているんですけど、そのころからグローバル化が始まるわけですね。構造改革や新自由主義が浸透し、多くの人が熾烈な競争に巻き込まれました。そのころから非正規労働者も急増し、格差が拡大しました。こうした新自由主義と「世間」は本来は異なる原理を持っています。だから「世間」が過剰反応を起こし、多少は壊れかけていたかもしれない「世間」が復活し、抑圧が強まり、息苦しくなっているのではないでしょうか。

鴻上　ああ、その見方はおもしろいですね。

佐藤　一九九八年には年間の自殺者が三万人を超えます。それから一、二年の間にうつ病の患者がものすごく増えたんですね。なぜそういうことが起きたのかといえば、

「世間のルール」なり、「世間」の抑圧性なり、「世間」からのストレスみたいなものがものすごく強まったからじゃないかと思っているんですね。

鴻上　それは寄る辺をなくしてしまったことの反動で「世間」が強化され、かえって抑圧的な空気が強まったということですか。

佐藤　そうです。世界的にはどういうことかというと、ギデンズ（Anthony Giddens）という社会学者が「再埋め込み」という言い方をしています。要するに、封建時代というか前近代社会というのは、人びとは共同体に埋め込まれて存在していた。これが「埋め込み」の時代です。これに対して、近代は「脱埋め込み」ということで、共同体や、宗教上の束縛、社会的・地域的な紐帯とか、それまで自分を縛っていた、いろいろな束縛から離れる時代だった。

ところが、一九九〇年代以降ぐらいと考えていいと思うけど、世界的に「後期近代」という時代に入って、今度は共同体から離れたばらばらの個人が寄る辺をなくしてしまって、とにかくすがれるものが欲しくなった。結局、不安を解消したくて、かつて依拠していた共同体、あるいは宗教とか人種とか民族とか、そういうものへの再埋め込みという事態が起きているというものです。例えば自国第一主義をかかげ白人労働者の支持を集めたトランプ政権が誕生するとか、イギリスがEUから離脱するとかもそうですし、全世界的に起きている。

では、それが日本ではどういうかたちで起きたかというと、ヘイトスピーチみたいな問題はあるにしても、宗教とか人種とか民族とかは外国ほど深刻な問題ではないわけですね。そのかわりに古い共同体である「世間」への「再埋め込み」が起きたのではないかと思います。

多様性への激烈な逆流

鴻上　それは僕の言葉で言う、「世間原理主義」への回帰ですね。つまり、強い「世間」を復活させ、それによって自我を保つという世間原理主義者になる道です。ただ、伝統的な「世間」を現実の空間で復活させるのは難しいから、主にネット上で活動します。たとえば「反日」的な書き込みに反応し、伝統的な「日本文化」を否定する人びとを攻撃するとか。世間原理主義者は自分が日本の伝統的な「世間」に所属し、守っているという幻の満足を生きがいにしているわけです。

佐藤　実体の伴わない「世間」ですけどね。まあ、そうしたことが日本で起きている。構造改革や新自由主義で雇用破壊が進行し、会社という「世間」を失ってしまえば、実体があろうがなかろうが、自我を支えるための「世間」を必要とする人は出てくるんですね。

鴻上　まさに会社は「世間」ですからね。「世間」のルールである**「年上が偉い」**は年功序列と翻訳され、**「同じ時間を生きている」**は終身雇用と翻訳されました。そもそも日本が近代国家となるうえで「社会」をつくることは必要だと考えられました。明治時代、近代国家をめざすために、「世間」の解体が始まるわけです。村という共同体を潰さないことには学校教育も始まらない。工場もできない。軍隊も機能しない。みんな村でまとまっていましたから。「世間」ではなく「社会」として僕たちは生きていきましょうと、明治政府は旗を振った。殖産興業や富国強兵の教育をしたのです。だけど日本人はそれを全部自分たちのレベルに翻訳したわけです。死ぬまで面倒見ますよ、というかたちで終身雇用を定着させ、先輩・後輩の関係性を崩さずに年功序列で出世するシステムもつくった。海軍では「ハンモック・ナンバー」ですね。ある意味、すごいと思うんです。日本人が生きていくために、けっして「世間」を手放さなかった。

上からの一方的な押しつけを拒否したんです。そして、「世間」がある種のセイフティーネットとして機能していたわけです。

佐藤 そうした側面はありました。

鴻上 でも、僕はくりかえし言っているのですが、大きな意味では、世界は多様性を認める方向、個人の尊厳を認める方向に進んでいると思っているんです。

佐藤 もう近代が終焉していることくらいは理解されているから、みんなどこかでそのように思っているとは思いますよ。

鴻上 それこそ「LGBTQ+」、性的少数者の権利とか夫婦別姓とか同性婚とか、世界的に大きな潮流があるわけです。その潮流があるからこそ、強い不安を抱えた人や、自分の存在を何かで担保したい人たちからの激烈な逆流というか摩擦がいろいろな場所で起こっていると思うんです。世界が多様性の方向に進んでいると感じるからこそ、余計に抵抗とか摩擦とか、同調圧力の強化とか、同調圧力の巧妙な利用とかが起こっていると思ってます。

佐藤 逆ギレですよね。

みんな一緒主義――「先生がいいと言うまで水を飲んではいけない」

鴻上　二〇一九年の夏、「スクールオブロック」というミュージカルのオーディションをしたんです。集まったのは小学生たち四五〇人ぐらい。そのなかから五〇人ぐらい残って、みんなダンスをして、歌を歌って、控えの椅子に戻ってくるんだけど、見ていると、みんな水筒を持ってきているのに飲まないんですよ。喉が渇いているだろうに、誰も口をつけない。そこで僕が「飲んでいいぞ」と言った瞬間、五〇人が一斉にがーっと飲み出したわけです。なんだこれ？　と思って、「ひょっとして、君たちは学校で先生がいいと言うまで飲んじゃいけないのか？」と聞いたら、全員同時に「はい」とうなずくわけです。どれだけ喉が渇いても、GOサインが出るまで我慢しているんですよ。小学校の五、六年生ですよ。あまりにも驚いたんで、そのことをツイッターに書いたら、七〇〇万インプレッション、七〇〇万人がそれを読んだんですね。

するると、いろいろな報告があって、「鴻上さん、この前、駅のホームにいたら、課外学習らしい小学生の集団とその引率の教師がいて、生徒が一人、飲み始めたら、その引率のおやじさんが『こらっ、何を飲んでるんだ。飲みたかったら飲んでいいのか』と叫んでました」と。「飲みたかったら飲んでいいのか」って、すごいでしょ（笑）。あるいは、「鴻上さん、あなたは現場のことを全然分かっていない」というお叱りも来るわけですよ。小学生に「いつでも飲みたいときに飲め」と言ったら、どれだけ現場が混乱するか。あなたは何も分かっていないでしょうと。だから無責任なことを言うんじゃないというわけです。

先ほどの話でいうと、悪しき「みんな一緒」主義というか、そういうものに教育が陥っているなという気がしてしょうがないんですね。長年ボーイスカウトをやられている方から、「低学年は飲むタイミングを指導していますが、高学年は自主性に任せるべきです。それが教育だと思います」と来ました。卓見だと思います。

佐藤　それはブラック校則の問題と同じですね。何で靴下や下着の色まで決められなければいけないのか。すごく不思議ですよね。

鴻上　本当ですよ。その「何となくみんな一緒」というのをなんとか変えたいとずっと思っているんですが。

佐藤　作家の山本七平《やまもとしちへい》さんは同調圧力に対しては「水を差す」ことが有効だと書いて

います。例えば戦時中のB－29への「竹槍戦術」を批判した「それはB－29にとどかない」という言葉は、「竹槍で醸成された空気」に「水を差す」ものだという。沸騰しているときには、つまり「世間」の同調圧力が強まっているときには水を差すしかない。そういうやり方以外にないいんじゃないかと。

鴻上　ある意味、私たちもいま、せいいっぱい「世間」に水を差そうとしているわけですよね。この本の目的でもあるのだけれど、「社会」と話す言葉を見つけようという提案をしたいです。

学校というプチ世間――イギリス人がじゃんけんに激怒した理由

佐藤　マイケル・サンデル（Michael Sandel）の「ハーバード白熱教室」という番組があったでしょう。あれを日本の大学でやれと言われて簡単にできるかというと、ちょっと無理ですね。なぜできないかというと、理由は、はっきりしています。誰も手を挙げてくれないから（笑）。

小学校の低学年くらいであれば、先生の質問にみなが一斉に手を挙げてくれます。

「一足す一は？」「はーい！」みたいな感じでね。しかし高学年になると挙手する者は減り、中学生にもなれば手を挙げると「おまえ、生意気だ」みたいに後ろからつつかれたりする。高校になると絶滅危惧種になって、大学まで来ると全滅。教室で「これが分かる人？」と聞いても、誰も手を挙げません。

「ハーバード白熱教室」では、「これについて答えられる人？」と言うと、みんなが手を挙げる。大したことは答えないんだけど、一応みんなが答えるわけです。それはハーバードだからできているわけではなく、アメリカでもヨーロッパでも、小学校から大学まで、そうした授業が普通におこなわれています。日本とは全然違うんですね。

日本の場合は、手を挙げる前にまず周りを見るわけですよ。周りが挙げていなければ、自分も挙げない。それはつまり、「世間」を学んだ証拠でもある。いじめも小学校の高学年ぐらいから始まる。それもまた「世間」を学んでいることを意味します。僕は「プチ世間」と呼んでいますけれども、小さな「世間」をつくったときに、そこからいじめも始まると思っているんです。鴻上さん、イギリスと日本のいじめはスタイルがかなり違いますよね？

鴻上　はい、日本では大勢が一人をいじめる。イギリスでも欧米でもいじめはあるんだけれど、必ず「やめろ」と言う人がいて、傍観者がいて、多様です。クラス全体で一人をいじめるなんてありません。

佐藤　日本の場合は、全員でシカトというか、見て見ぬふりするんですよね。結果的にいじめられている側は救われない。まさに「世間」の学習。アメリカで「ハーバード白熱教室」が可能なのは、個人がいるからということなんです。つまり神との関係で、彼らは神に対してプレゼンテーションする、告解するという訓練をしてきているわけですよ。そのような土壌があるから、自分の考えていること、内面を外に対してさらけ出すということに関してそれほど躊躇がない。議論もできる。

鴻上　僕は、半分ジョークも入ってますけど、じゃんけんが日本人を議論下手にしたと言っているんです。イギリスに行ったときに、幼稚園児がこのブランコにいかに自分は乗りたいか、乗るに値するかということを、お互いに口角泡を飛ばして議論している姿を見ました（笑）。日本人はすぐにじゃんけんして順番を決めるじゃないですか。簡単に誰も傷つくことなく解決しちゃう。

佐藤　そうそう。だから、それも呪術的なんですよ。

鴻上　じゃんけんが？

佐藤　そう。つまり、神様が決めるわけですよ。多神教の神様が決める。だから、文句を言えないんですよ。くじというのもそうですよね。

鴻上　なるほど。イギリスの演劇学校で、みんなが嫌がる課題があって、発表の順番を決めるときに議論したんだけど進まないわけです。そこで僕が「分かった。日本にはじゃんけんという知恵がある。この際、ロックとペーパーとシザーズで順番を決めよう」と提案したら、イギリス人から「おまえはこんな大事なことを偶然に任せて平気なのか」と言われました。この時は、「話しても決まらないから提案したのに」とちょっとムッとしたんですが（笑）。

佐藤　学校が「社会」として機能しているからこそ、そうした議論も起きるんですね。ところが日本の学校では生徒同士が「プチ世間」をつくっているので、お互いに同調圧力がある。変なことをしたり、目立ったことをすると周りから浮いてしまう。これまた息苦しいですよね。つまり、ブラック校則などの学校の制度的な息苦しさと、生徒同士自体がつくり出す「プチ世間」の息苦しさ、両方あるんですね。この息苦しさに耐えられなくなった子どものなかから、ひきこもりが増えていく。

鴻上　周りから浮いてしまうことが一番の恐怖ですからね。

佐藤　僕が教えていた大学では、教室に入ると電気が消えたままになっていることが多かったんですよ。みんな真っ暗な教室で僕が来るのを待っているだけで、誰一人、灯りをつけようとしない。

鴻上　率先して電気のスイッチを入れると、周囲から浮いてしまうということですか。

佐藤　良い子ぶってると思われたくないんですね。これも「世間」の厳しさです。

鴻上　ただ一方で希望は、通信制のN高（N高等学校）のようなネット中心の授業の通信制学校が広がってきたことです。N高から東大の合格者が出たと話題です。だから、無理して登校しなくてもいいじゃんと。N高の理事長が言っていましたが、我々は今までの学校に合わなかった生徒を「落ちこぼれ」ではなく「吹きこぼれ」と呼んでいるんですと。吹きこぼれというのは、学校から落ちたんじゃなくて、上から吹きこぼれて、出た人たち、という意味です。いい言葉だなあと思いました。

社会との回路を持つということ——強制されず感謝の気持ちを表すには

鴻上　話を戻しますが、「世間話《せけんばなし》」というのは、お互いが同じ共同体にいることを確認し合う作業です。「お出かけですか」「ちょっとそこまで」という会話が典型ですが、何の情報量もないけれど、お互いが同じ世間に所属しているということが確認できるものです。一方、見知らぬ人とのコミュニケーションを僕は「社会話《しゃかいばなし》」と呼んでいます。日本ではふだんは少ないんですが、3・11（東日本大震災）の直後には日本でも「社会話」が生まれました。

佐藤　それはすごく面白い現象でした。

鴻上　3・11の後、道を歩いていて、ぐらぐらっとしたときに、知らない者同士が「揺れましたね」「すごかったですね」と言葉を交わして、また別方向に歩いていきました。それはあまりにも不安だったから、「揺れましたね」と思わず言いたいし、それに対してまったく知らない他人が「揺れましたね」とうなずくことで、ある程度の安心をお互いに得たんです。こうした知らない者同士による「社会話」は海外では当たり前じゃないですか。でも日本ではきわめて珍しい。そういう「世間話」ではなく「社会話」のスキルを伸ばしていくことが重要だと思うんですよ。

佐藤　鴻上さんが司会を務めているテレビ番組「COOL JAPAN」（NHK－BS）で、どこで恋人と出会うのかという特集をしていましたが、これが面白かったですね。日本では、自分の会社で出会うとか、友だちの紹介とか、ほとんどそういうものしかなくて、要するに「世間」の内側の話なんですね。ところが、海外の人はそうではなくて、銀行のCDで並んでいるときに、たまたま前にいた人と会話したことがきっかけで、その人と結婚しましたとか。そうした出会いが普通に存在する。際立った経験ではないんですね。そこに「社会」があるんですよ。日本の場合は「社会」が希薄なので、結局、恋人を見つけるのも結婚するきっかけをつかむのも、「世間」のなかでしか起きないという問題がある。

関連して言えば、欧米ではコロナと格闘している医療従事者に対して、午後九時にみんなで鐘をたたいたり、声を出したり、口笛を吹いたりして感謝の気持ちを捧げよう、ということをしているじゃないですか。別に政府が音頭を取るわけでもなく、普通にやっている。それが「社会」なんですね。僕が最近まで住んでいた福岡市では、市長が音頭を取って、金曜日の昼の一二時に市庁舎で職員がみんなベランダに出て、医療従事者に向けて拍手をするということをやらせて、市民にも参加を呼びかけたんです。でも、昼の一二時と言えば休み時間ですよ。お昼ごはんを食べる時間。それ、業務命令でなくても職員は拒否できないだろうなあと考え込んでしまったんですが。

案の定、市民には全然広がりを見せませんでした。その後、さいたま市で児童生徒が学校で医療従事者に拍手をしたことが、教育委員会の強制だったのではないかと問題になりましたが、日本では欧米のように、誰から強制されることなく拍手や鐘で医療従事者に感謝の気持ちを表すなんて、やっぱり無理なんじゃないかって思ったんです。

鴻上 確かに。

佐藤 だから、そういうことがやれるようになるにはどうすればいいか、ということですね。

鴻上 そう、やっぱり社会に対する信頼ですよね。先ほどの「COOL JAPAN」の話で言えば、恋人をどこで見つけましたかと外国人に聞けば、これはアジア人も含まれますが、公園とか飲み屋とか銀行といった答えが返ってくるんです。一方、日本人に聞くと、友だちの紹介、職場、学校。それがほとんど。一応、外国人に「職場恋愛はないの?」と番組で聞いてみたんです。すると「当然、それはある」と。ただ、職場恋愛というのは別れた後のリスクとダメージが大きい。だから、みんななるべく職場以外で見つけようとしているんだと言うわけです。なるほどと感心しました。みんながフランクに、公園とか飲み屋とか銀行で並んでいるときに会話が始められるのであれば、わざわざ小さな会社のなかで「君とつき合いたいんだけど、もし別れたらその後の人間関係と仕事をどうしよう」なんて心配しなくてすみます。だから、社会との回路を持ったほうが楽だぞってことをくりかえし言いたくなるんです。

会社でつらいことがあった時に、知り合いにグチを言うんじゃなくて、例えば、帰宅の途中で「社会」に属する人と会話する。

初めて入った食堂が美味しかったら、「美味しかったです」と言う。知らない誰かと楽しく会話できるスキルが身につくと、ずいぶん生活は楽になると思います。

自殺大国ニッポンの同調圧力――迷惑をかけるなという呪文

佐藤　結婚の話から一転、自殺の話をしたいのですが。

鴻上　自殺ですか。はい。

佐藤　僕には、日本の自殺者の多さが、気になって仕方ないのです。世間の同調圧力が強いということは、確かに犯罪が少なくて、安全な国であるとも言えるんです。それはそれでいいことだと思うんですけれども、同時に、日本は先進国のなかで自殺者が最も多いレベルにあります。真偽不明の話ではあるのですが、日本政府は自殺者のデータを操作して非常に低い数字で出しているという説があるんです。各地でいわゆる変死者としてカウントされている数字のかなりの部分が、じつは自殺者なのではないかと。もしもそうであれば日本は世界一の自殺大国になる可能性があります。東京ではしょっちゅう電車が止まるじゃないですか。その少なくない原因が自殺や自殺未遂による運行障害。つまり「人身事故」とアナウンスされるケースです。それだけでも、自殺の実数というのはもっと多いような気がする。

鴻上　その自殺を促しているのが同調圧力。

佐藤　特に日本では若者の自殺が多いですよね。若年層の死因で最も多いのは自殺ですが、それはG7のなかでは日本だけです。二〇一四年の数字ですが、一〇～一四歳は一〇〇人、一五～一九歳では四三四人、二〇～二四歳では一一七八人です（二〇～二四歳は「悪性新生物」についで死因の第二位）。他の先進国と比べて自殺率も最も高くなっています（厚生労働省『自殺対策白書』）。若者もまた、同調圧力に苦しめられていることの証です。

鴻上　その話で思い出しました。いまツイッターで「#学校再開うつ（鬱）」というキーワードが注目を集めています。緊急事態宣言が解除され、学校の授業も再開しました。それと同時に「うつ」を感じる人がけっして少なくないようなんです。久しぶりに友だちと会えるのだから嬉しい気持ちもあったはずなのに、ソーシャルディスタンスの徹底とか会話をひかえろとか、むしろ同調圧力を受ける局面が増えてしまった。そうしたことに息苦しさを感じる子どももいるわけです。もちろんそれは親も同じで、教室の「密」や、給食のときに感染しないかとか、我が子が学校に通うことの健康リスクばかりを考えて、「うつ」になるとか。

佐藤　子どもの自殺は新学期が始まるときに多いんですよ。特に夏休み明けの九月。プレッシャーが子どもを押しつぶすんですね。同調圧力まで「密」になる。

鴻上　同調圧力は心の余裕もなくしてしまうんですね。宿題を忘れようが、友だちがいなかろうが、別に構わないといった気持ちになることができない。得体の知れない息苦しさを与えてしまいます。

佐藤　日本人の多くは生まれてこの方、「他人に迷惑をかけない人間になれ」と家庭で言われて育ってきた。「犯罪を起こさない人間になれ」とは言われないわけです。日本では犯罪を犯すことは稀だからです。だからこそ、「世間のルール」に反するようなことをやってはダメだ、「世間」から白い目で見られたり、バッシングされたりするほうが怖いのだと教えられる。「世間」に迷惑をかけるな、他人に迷惑をかけないような人間になれと。

鴻上　「世間」や他人に迷惑をかけるなというのは、それこそ強力な呪文ですね。

佐藤　そうです。そうやって育っているものですから、強度のストレスがかかった場合、殺意のベクトルが他人ではなく自分に向かっちゃうんですね。それが結局、自殺者がものすごく多い原因になっている。自殺理由で一番多いのは、経済的な問題。つまりは多重債務です。もちろんうつ病も自殺原因の上位にあるわけですが、正確に言えばうつ病は結果であって、原因ではない。ですからやはり、経済的な問題は深刻なんです。借金がかさめば、日本では結局、蒸発してホームレスになるか、自殺するしかない。そういう選択肢しか思いつかない人が相当数いるはずです。借金を返さないなんてのは、「社会」という観点から言えば契約違反に過ぎない。要するに、債務不履行じゃないですか。死ぬくらいだったら踏み倒せばいい。そう考えるのが海外では普通です。ところが日本人はそんなこと考えないんですよ。なぜ考えないのかといえば、先述した**「お返しのルール」**があるからなんです。お金を借りたのだから必ずお返ししなければいけないと思っている。だから、返済できないと「世間」から排除されても仕方ないと。結局、「ご迷惑をおかけしました」という遺書を残して死んでしまう。

鴻上　借金は絶対に、どんな無理をしてでも返済しなければいけないと刷り込まれているわけです。**「お返しのルール」**で育ってきたから、借金を返さなくて人格的評価が低くなることを恐れているんですね。しかし怖いな。逃げるなり、自己破産するなり、生きていく方法はいくらでもあるのに、自ら退路を断ってしまう。「世間のルール」が命よりも重たいんだ。

佐藤　そうですよ、生き続ければいいんです。たかだか契約違反でしかないのですから。でも、無理なんですね。「世間」に迷惑をかけたら生きていけないと思っている。

メールやLINEは人格評価のプレッシャー

佐藤　**「お返しのルール」**に関係する圧力で言えば、メールなんかもそうですね。メールが送られてきても無視していると、「あいつはどうせそういうやつなんだ」というかたちで、その人の人格が低く評価されるということがあるわけです。それで結局、即レスとか、ＬＩＮＥなどでも既読無視できないということになっていく。学生たちと話していると、これ、けっこう大きな問題なんです。

鴻上　ＬＩＮＥの既読無視の問題ですね。

佐藤　そう。返信しないだけで責められるのですから。しかも「既読無視するようなやつなんだ」と、やはり人格評価に結びつく。メールやＬＩＮＥがプレッシャーとなる人、少なくないと思います。

鴻上　演劇界の例で言うと、オーディションに落ちたときに、欧米の俳優は「私に合う役がなかったんだ」と思うんだけど、日本人の俳優は、つい、人格否定されたような気持ちになるんです。「ああ、自分は否定された」と。いや、違うんだと。本当に欧米の俳優が言っていることが正しいんです。こちらはインテリっぽいクラス委員の女の子と、ちょっと小太りで陽気な男が欲しいと思ってオーディションをしている。それに合うか、合わないか、といった意味でしかないんですよ。だから欧米の俳優は「私に合う役がなかったんだ」と、さらっと終わるんだけど、日本人の場合、三回とか五回とか続けて落ちたら、もう本当に「自分は生きていていいんですか」みたいな気持ちになるようなんです。それは違うよと、いつもすごく思うんですけどね。

佐藤　学者同士の学術的な議論などでも同じような問題が出てきますね。誰かの意見を否定したり批判したりするということは、その人間の人格の全否定みたいに取られてしまうことがある。だから軽々しく批判できない。あるいは、**「身分制のルール」**があるために、自分の先生の学説は批判できないとか、そういうこともありますよね。だから、批判の仕方が非常にあいまいになる。ちゃんとした議論が成立しない。

鴻上　つまり、我々日本人が批判ということに対して慣れていないということですよね。

佐藤　そう。それは多分、言葉を信用していないということにもつながる。

鴻上　言霊《ことだま》の国なのに。

佐藤　そう、言霊の国なのに、言葉を信用していない。

言霊の国の軽い言葉

佐藤　よく「真意」というじゃないですか。真意というのは、発言された言葉が信じられていないということでしょう。特に政治の世界ではそういうことが多いと思うんだけれど。コロナに関して言えば、ほら、ＰＣＲ検査を受けることのできる条件……。

鴻上　三七・五度以上の体温が四日以上続いた場合、でしたっけ。多くの人はそれが検査を受けることのできる基準だと思い込んできました。

佐藤　それが後に「国民の誤解」だと厚労相が発言しましたよね。「それは目安にすぎず基準ではない」とね。これはもう、正確に伝えなかった厚労省側に責任があります。これでは言葉に対する信用もなくなります。

鴻上　そうか。社会に対する信用がないから、社会をつなぐ言葉に対しても信用していないんだ。

佐藤　そうです。

鴻上　要は腹芸で、「おまえは敵か味方か」という世間の感触だけを頼りにしている。そのときには、「何も言うな、黙って座れ」ということでコミュニケーションできると思っているんですね。

佐藤　しかも、言葉に対して責任を持たない。責任を持たないから結局、「誤解」発言のようなものが出てきて、言葉を発した側も自らの間違いを何とも思っていない。二

○一四年に東京都議会で、当時都議だった塩村文夏《しおむらあやか》さんが自民党都議から中傷されたことがありましたよね。少子化について質問した際、「自分が早く結婚したらいいじゃ

ないか」などのヤジが飛ばされました。あれはセクハラだと言われていますけれど、正確には性差別的な暴言ですよね。海外であれば、議員辞職しなければいけない大問題、レッドカードです。ところが日本の場合、ヤジの主から謝罪があっただけで、議員辞職したわけじゃない。誰も責任をとっていないんですよ。そんなことが可能なのは、発言に対しての責任をそもそも持っていないから。

鴻上　だから言葉が軽いんですね。逆に言えば、その程度の言葉しかないから、人びとに信じてもらえない。ぜんぜん言霊の国じゃないですね。たしかに欧米だったら一発アウトの問題です。

佐藤　キリスト教などでは、言葉というのは基本的に神様との関係から生まれる。自分が言ったことに対して責任をとるか、とらないかというのは、神様に対して罪になるか、ならないかという問題で判断するわけです。ところが日本の場合、どことの関係で判断するかというと「世間」の空気です。空気が変われば、自分が変わってもいいわけですよ。自分が変えたわけじゃないから、自分は責任をとらなくてもいいと思っているわけです。周りが変わったんだから、自分も変わる。そうすると、いくらでも失言が出てくるし、発言に対して責任を持たない。安倍首相が典型だと思うけど、あの人は「これは私の責任です」と簡単に言うじゃないですか。でも、実際に責任をとったことは、これまで一度もありませんね。そうしたことが可能なのは、言葉自体が全然信用されていないからなんですね。

強い個人にはなれなかった

佐藤　キリスト教の話で言いますと、隠れキリシタンについて評論家の加藤典洋《かとうのりひろ》さんが面白いことを言っている。江戸時代の踏み絵の話です。幕府がキリシタンを炙り出すために踏み絵を始めた際、そんなものに効果があるのかという疑問があった。踏んでおいて、後で神様に謝るというやつがいっぱい出てくるだろうから、効果はないんじゃないかと。しかし、実際に踏み絵をやってみたら、踏めない人間が大勢いた。幕府もむしろ不思議に思ったのではないかと書いています。つまり、キリスト教というのは、吐かれた言葉、自分の行動に対してちゃんと責任を持たなければいけないという基本的な考え方があるんですね。表現することの意味が一般的な日本人とは違うんです。幕府はそれを理解していなかったから、そもそも日本人にはホンネとタテマエがあって、タテマエのところで一応踏んで、ホンネのところで後で神様に謝るという二重性みたいなものを常に持っているので、当初は踏み絵の効果を疑ったんです。

鴻上　同じ踏み絵のようなもので言えば、たとえば戦前戦中の共産党員の例がありますね。逮捕され、拷問を受けることが多かったのですが、偽装転向はほとんどなかったようです。非転向を貫くか、完全に転向して体制側になるかの二択。獄中でごまかして、嘘で転向宣言して、娑婆に出たら、さっと活動に戻るという戦略を取った人を聞かないんですね。先ほどの踏み絵の例でいうと、踏まないで獄に入るか、踏んできれいさっぱり足を洗うか。それしかない。キリスト者と似ているような気がします。

佐藤　僕は、共産党というのは基本的に「近代」だと思っています。個人の存在が前提で近代が生まれたわけですから。

鴻上　ああ、なるほど。クリスチャンもコミュニストもそうか。戦前の筋金入りの共産党員は、個人主義者になろうとしたんだ。

佐藤　そういうことです。

鴻上　だから、自分の言葉に対して誠実であろうとして、偽装転向をしなかった。ところが一回、転向してしまうと、もう後には戻れない。天皇主義者まで一直線ですね。キリスト者とか共産主義者たろうと思えば、この国では個人主義にならなければいけないということですか。となると、やはり、この国の「世間」と戦おうと思ったとき、個人として強くあれという戦略は、有効じゃないですよね。それはハードルが高すぎる。

佐藤　二〇年ほど前に新自由主義の波が襲ってきた際、競争できる強い個人になれと言われたわけですよ、日本人は。ところが、結局は無理だった。みんな強くないし、「世間のルール」に縛られているから、先ほど言ったように自殺者が増える、うつ病が増えるという状態になった。だから、強い個人になれと言われたって、そんなことはなから無理ということははっきりしている。

鴻上　そう、その点ははっきりしていると僕も思います。ただ、高度成長期などは確かにまだ「世間」は強かっただろうけれど、はみ出し者もたくさんいたと思うんですよ。働き続けながら、好きな麻雀もやり続けて、牌を握ったまま突っ伏して死んでしまった伝説の企業戦士みたいな（笑）。ある程度の蓄えとか収入といった経済的な保証があれば、世間に対して、一定程度、戦いを挑むことはできるんじゃないかとも思っているんです。

佐藤　でも、会社も「世間」だから、そこからお金をもらうわけでしょう。そうすると難しいですね。

鴻上　それなりのお金をもらっていても、「世間」との戦いは同じということですか。

同調圧力の安心か、息苦しさか

鴻上　逆に、同調圧力の良いところを言いましょうか。

佐藤　それが海外から評価されている部分もありますよね。たとえば犯罪率の低さとか。殺人事件の発生率なんて、アメリカの一九分の一。ヨーロッパと比較しても三分の一ぐらいです。日本が世界で一番安全な国だと言われているのは事実です。

鴻上　同調圧力のポジティブ・サイドですね。

佐藤　そうですね。同調圧力が犯罪を抑制させているのは間違いないと思います。自動販売機が町中に設置されているのに、壊されることがない国なんて、日本以外にはあまりないでしょう。「世間」の同調圧力は、犯罪をやりにくくするんです。「世間の目」というものが各所で働いているから、窃盗なんかでも、盗んだ金で豪遊したり、高価な買い物すると目立ってしまう。すぐに警察に密告されます。

鴻上　同調圧力が、ある種の安心を与えているわけですね。

佐藤　一方でその同調圧力が、先に述べたような自殺率の高さにもつながっていく。生きづらさを招く。まあ、僕は多少極端なことを言いますが、犯罪がまったくないような社会って、本当にいい社会なんですかねえ。すごく息苦しい社会なんじゃないかと思うのですが。

鴻上　同調圧力の安心を取るか、息苦しさを取るか。選択とバランスですね。

佐藤　誰にとっても〝完璧〟と言える答えはないでしょう。

鴻上　だからもう、理想の「世間」を求めてさまよってもだめで、やっぱり「社会話」というか、「社会」とのつながりをつくっていく道がいいと思います。

佐藤　そうですね。必要なのは「社会」。それをつくりあげていくしかない。

鴻上　僕が以前に書いた『「空気」と「世間」』（講談社現代新書）のなかで、読者が理解しやすかったのは、二〇〇八年に起こった秋葉原の無差別殺人のことなんです。犯人の彼は、事件前にネット掲示板に山ほど書き込んだんですけど、それは全部、「世間」に向けた言葉だったんです。「寂しい」「誰かいる？」「俺、どうすればいいかわからないんだよ」とか、そんな言葉を一〇〇〇以上、書き込んだ。しかし、その書き込みに関して、誰からも反応がなかったんです。彼が捕まった後、警察の取り調べで「一人でもいいからやめろと言ってくれていたら、俺はやめていたんだ」と言ったんだけど、彼は自分の「世間」に向けてしゃべっていたわけで、「社会」に向けて語りかけていれば引き返せる可能性はあったと思うんです。たとえば「みなさん、非正規というのはどういうことかわかりますか。非正規というのは、首になったらアパートを出なければいけないんですよ。つまり、その瞬間に住所不定になるので、次の仕事も簡単に見つけることができないんですよ」と。「社会」に対する言葉で書いておくだけで、彼は「やめろよ」と言ってくれる人を獲得できた可能性が高いと思えるんです。だからこそ、どんな時も、私たちは「社会」に対する言葉を見つけていかなければと強く思うんです。

第二部　同調圧力の正体

なぜ世間に謝罪するのか――加害者家族へのバッシング

鴻上　コロナ禍において、世間はさまざまな「敵」をつくりあげました。同調圧力によって、まさに「世間様に顔向けできない」人びとを生み出してきたのですが、そのメカニズムを考える際に重要だと思ったのは、対談の冒頭で佐藤さんが触れた加害者家族の問題です。犯罪者ではなく、その家族がバッシングされるという話。佐藤さんはこの問題を追いかけていますね。そこで聞きたいのですが、欧米でもこうした問題は起きているのでしょうか。

佐藤　ないです。少なくとも日本のように家族が誹謗中傷を受けるといった陰湿なバッシングは聞いたことがありません。例えば、加害者家族支援をやっている阿部恭子《あべきょうこ》さん（NPO法人「World Open Heart」理事長）が、アメリカの加害者家族と支援団体のメンバーや研究者などで構成される学会に出席したそうです。するとね。向こうではみんなスマホで写真を撮り合っていて、そのままSNSに載せるというんです。阿部さんは「活動に対する抗議はないのか」と聞いたそうなのですが、「そのような経験はほとんどない」と。そうした問題よりも、むしろ身内から犯罪者を出してしまった家族の苦しみや罪悪感を社会に理解してもらうほうが大切だというわけです。だから社会が全然無関心なのが問題なんだと、そういうことを言われたというので、阿部さんもカルチャーショックだったと著書『息子が人を殺しました』（幻冬舎新書）に書いていました。

鴻上　日本人は、おまえの息子が罪を犯したんだから、おまえにも責任がある、と責める人が多いんですね。

佐藤　日本の場合、加害者家族というのは絶対に外に向けて顔を出せない、発言も絶対できない。一旦それをしたら、とんでもないバッシングに遭いますからね。なかでもネットがひどい。加害者家族の実名や住所、勤務先まで暴いていく。それを目にしたネットユーザーの一部はさらに暴走する。いわゆる電凸（電話で直撃すること）をしたり、わざわざ家族の写真や動画を撮って、ネット上にアップする者もいます。「世間」の側も、加害者も家族も同罪だと考えていますから、まあ仕方がないといった態度でこれを容認する。こうしたことがあるから、家族は萎縮を強いられてしまいます。でも、海外の場合は違うんですね。萎縮どころか、積極的に発言していくべきだと言われる。

鴻上　それはやはり、家族は、家族である前にそれぞれに個人の集まりだから、という考え方ですね。

佐藤　そういうことです。子どもも個人、親も個人。ですから子どもの犯罪と親はまったく関係がない。しかも家族の愛は彼らにとっては絶対的なもので、最高に価値あるものなんです。欧米において成立した「近代家族」の本質は「愛」にあります。そうすることで家族は「一体性」を獲得するのです。だから愛情原理でもって社会のいろんな批判から家族を守るというのが当然で、自分の子どもは守らないといけない。ところが、日本では「世間体」というものがあるので、結局、親は愛情を持っていたとしても、子どもを守りきることができないんです。やっぱり「世間」に対して謝らなきゃいけない。

鴻上　犯罪というものが持つ意味も違っていますか?

佐藤　日本で犯罪はどのように捉えられるかというと、「法のルール」に反した行為であると同時に、もっと大きいのは共同体を毀損《きそん》する行為だということです。つまり「世間」という共同体を壊す、そうした行為なんです。罪を犯すことによって「世間」あるいは共同体の共同感情を毀損すると。だから犯罪はみんなを不安にさせる、共同感情が犯されるといったことになる。

鴻上　なるほど。みんなを不安にしたじゃないか、といったかたちで非難されるわけですか。

佐藤　もっと分かりやすく言えば、みんなに迷惑をかけたじゃないか、という考え方。迷惑をかけたのだから、加害者の家族は「世間」に対して謝罪をしなければいけない。それが同調圧力になります。

鴻上　「世間」の論理ですね。「社会」を壊したのではなく、「世間」を壊したと。

佐藤　もちろん欧米だってコミュニティーは存在しますから、日本と似たような問題が皆無というわけではないでしょう。家族が心ない言葉を浴びせられたり、白い目で見られたりするようなことがないわけではない。そこに日本の「世間」みたいないろんな問題がないわけではないと思います。ただ、日本みたいに、大規模なかたちでの差別やバッシングはやっぱり起きないわけです。

「親の顔が見てみたい」と家制度

鴻上　犯罪者に対して、「親の顔が見てみたい」という言い方が日本には存在しますよね。それこそ連続幼女誘拐殺人事件の宮崎勤《みやざきつとむ》のときもそうだった。結局、父親は自殺しました。

佐藤　そう、親が責任をとるわけです。佐世保の女子高校生が同級生を殺したという事件があったときも同じ。お父さんは有名な弁護士でしたが、結局彼も自殺しました。「親の顔が見てみたい」というのは、家父長が絶対的な力を持つ家制度が反映してしまっているんですよ。

鴻上　まさにそうですね。

佐藤　江戸時代の武士階級の家制度をそのまま明治政府が採用して、それで戦前の民法は家制度を規定したんです。夫婦関係では妻には権利が認められなかった。親子関係においても親権は成年の子どもにも及んでいます。妻・子どもは支配の対象でした。民法上、家制度は戦後に解体しましたけれども、僕に言わせれば、家の意識というのは依然としてずっと残っている。

鴻上　要は、武士階級に限定されていた家制度を明治政府が採用し、これだけ日本の津々浦々に普及させた……。ということは、たかだか一〇〇年ちょっとで植えつけられた家制度なんて、僕たちが頑張れば、また一〇〇年ちょっとで変えていけるんじゃないですか？

佐藤　いや、僕はそこのところは「世間」と一体だと思っているんです。「世間」が残ったのと同じように、その一部として家制度が残されたんじゃないかと。

鴻上　でも、たとえば江戸時代のころの水呑み百姓たちには、家制度なんてなかったですよ。

佐藤　それが全部変えられたわけです。明治政府は、それまでにあった女系相続や末子相続などの多様な家のあり方をすべて否定したうえで、武士階級の家制度を国民に教育していった。国民全体を変えていったわけです。だから、それまで水呑み百姓だった人たちにも家制度が強いられた。うまく日本人の体質になじんでいったのですよ。

鴻上　家制度が「世間」とすごく親和性があったということですか。

佐藤　あったと思う。

鴻上　つまり、明治政府が「社会」を導入しようと思った。「家制度」も導入しようと思った。でも「社会」のほうは失敗したけど、「家制度」のほうは「世間」とうまく適合して定着したということですね。

佐藤　そういうことです。

鴻上　確かに、家制度って自我をなくすというか、個人が確立されないのだから、まさに「世間」そのものですね。結局、集団と絆を要求することが「世間」ですから。家父長一人が家族全員をコントロールしたことで、自我を、あるいは個人の存在をなくしていくことを加速させたんですね。

佐藤　家制度というのは家長がすべての権限を持つんですね。すべての家族の構成員の生殺与奪権を握っている。だから「世間」は、親が責任を取れと言うわけです。それがいまだに生き続け、家族が個人でないために、犯罪加害者の親も子どもに代わって謝罪し続けるんですね。

感染者に謝罪を求める理由

鴻上　謝罪ということで言えば、コロナ感染者も謝罪に追い込まれましたね。

佐藤　これもまた犯罪加害者と同じで、「世間」を騒がせた、迷惑をかけた、という論理で、同調圧力が働くのですね。

鴻上　感染者の女性がカラオケに行っただの、バーベキューに参加しただの、真偽不明の情報が出回って、バッシングされました。これまた「親の顔が見てみたい」とまで口にする人がいました。もう、謝罪するまで許さないという状況が生まれたわけです。実際、感染してしまった著名人、たとえばニュースキャスターも芸能人も野球選手も、みんな頭を下げました。「申し訳ない」と。

佐藤　「世間」の感情が許しませんからね。迷惑をかけられたと思っているんですよ。先にも言ったように、みんな家庭で「他人に迷惑をかけない人間になれ」と言われて育っているんです。だから他人から迷惑を受けるということについてものすごく過敏なところがある。それが「世間」のあり方ですから。ヨーロッパへ卒業旅行をした学生が感染した京都産業大学には、「学生の住所を教えろ」「火をつけるぞ」といった内容を含む電話やメールが数百件寄せられました。三重県で感染者や家族の家に、石が投げ込まれたり、壁に落書きされるなどの事件が起きている。日本では、あたかも病気＝悪であるかのように、感染者が犯罪者のようにみなされてしまう。責任があるとは到底思えないのに、感染者やその家族は「世間」への謝罪を強いられるんですね。

そこに加えて、先にお話しした**「呪術性のルール」**が関係してきます。「喪中」などがそうですが、呪術性はケガレと結びつきやすいのです。病や犯罪をケガレ（＝汚れ）

と考えて、それらを「清浄」な「世間」から排除しようとする。ちなみに、コロナでの死亡率が欧米などと比較して低いのは、マスク着用率が高いからだとの説があります。じつは日本でマスク着用が広がったのは、ソトのケガレた世界からウチの清浄さを守るという、呪術性からくる独特の衛生観念があるからなんですね。しかしその背後には、差別やバッシングを生み出す同調圧力の強さがあることを忘れてはならないと思います。

鴻上　自分が迷惑をかけちゃいけないと教えられてきたから、同時に他人の迷惑に対してすごく敏感になる。しかもケガレ意識まであるから、深刻な感染者差別が起きる。

佐藤　たとえば芸能人が感染したとしても、テレビで見ているだけの人にとっては何も関係がない。なのに謝罪を求めますよね。それはね、やはり、自分が迷惑をかけられたと思っているからですよ。何というか、それまで信じていた芸能人のイメージみたいなものが崩れて、その感情が反転し裏切られたと思って、それがバッシングにつながっていく。

鴻上　何でこんなに「他人に迷惑をかけるな」という言葉が呪文になったんでしょうね。だいたい、日本ってコロナどころか普通に風邪ひいて会社を休んだだけでも謝るじゃないですか。それどころか、バカンスをとっても謝る。

佐藤 休みをとること自体が、何か悪いことであるかのように認識されている。

鴻上 バカンスから帰ってくると、「いやあ、疲れただけです」とか「雨に降られてばかりで大変でした」とか、マイナスを語るんですよね。

佐藤 素直に「楽しかった、最高だった」なんて言えないんですね。

鴻上 なんて息苦しい社会なんだと思いますね。

ひきこもりと世間体

佐藤 息苦しさの原因として、「世間体」の存在が大きいんです。常に周りから見られていると、みんな思っているわけです。逆に言うと、周りから見られていないと不安になる。ＳＮＳの「いいね！」なんかはそうじゃないですか。周りから見られて、なおかつ、いい評価がもらえないと不安になる。とにかく周りから常に見られているということが前提になるので、いつも周りを気にしているわけですね。そうすると、家族関係にしても、親としては、とにかく周りから白い目で見られないようにしてくれというふうになっちゃう。

鴻上　なりますね、残念ながら。

佐藤　日本人は大体、「他人と違う個性的な人間になれ」という教育は受けていませんから。欧米では基本的に、他人と違う個性的な人間になれと言われて育ちますが、日本では普通、親はそんなことは言いません。それで実際に、子どもが誰かに迷惑をかけそうになると、親が子どもを殺したりするわけです。二〇一九年も元農林水産省事務次官が、ずっとひきこもっている息子を殺したという事件がありました。日ごろから不安定な息子が何か問題を起こすのではないかと考えて、つまり他人に迷惑をかけることを恐れて、殺してしまったわけです。

鴻上　とても悲劇的な事件ですが、減刑嘆願運動みたいなものも起きましたね。あの親は悪くない、仕方なかった、という感じで。

もちろん、親は親なりに相当な苦痛を抱えていたでしょう。でも迷惑をかけるという理由だけで殺すというのは、あまりにやるせないですね。

佐藤　そうなんです。それは心中もそうですよね。日本の場合、母子心中などは珍しくないですよね。じつは海外では心中事件はほとんど起きないんです。起こしたら重罪になる。

鴻上　ええ、海外ではないですね。「この子を残して死んだらふびんだから、この子を殺して自分も死のう」みたいな心中は。

佐藤　日本の親は、子どもを自分のものだと思っているんです。所有しているという感覚だから、処分可能だと思っている。だから殺しちゃう。だけど、例えばアメリカだったら第一級殺人と幼児虐待などに問われて、逆に罪は重くなるんです。子どもは保護されるべき人格として、大人を殺すよりも子どもを殺したほうが重罪になる。元農水事務次官の事件も、自分の子どもを殺すというのは本当は殺人なのに、「世間」は同情するんです。よほどのことがあったのだから、無理もないと考える人が少なくない。日本で母子心中は場合によっては、執行猶予がついたりします。

鴻上　あの事件では、息子がひきこもり状態だったことも話題になりました。

佐藤　これもまた「世間」と関係があります。子どものひきこもりが長期化するのは、親が常に「世間体」を考えていて、自分の家にひきこもりの子どもがいるということを外に知られたくないと思っているからなんですね。だからどこにも相談に行かない。隠しておきたいから、ひきこもりも長期化する。長期化しすぎて、子どももいつしか中年になっていく。そうした中年のひきこもりも、いま増えています。そして、「ひきこもり」という言葉自体が、そのまま英語になっているんですよ。「Hikikomori」と。つまりほぼ日本固有の問題だということです。ひきこもりの長期化にも、その原因として「世間」の同調圧力があると思っています。

鴻上　恥ずかしいという感覚ですね。

佐藤　「恥」ですね。誰に対する恥かというと、「世間」に対する恥なんですね。罪と恥という言い方をよくしますが、キリスト教国では神に対する罪だと考えますよね。ところが日本の場合、神はいないから、いても多神教の神だから、どの神にすがればいいか分からない。だから、基本的には「世間」にすがる。「世間」に対して、それが恥になるという感覚がものすごく大きいですよね。

生活保護を妨げる「恥」――「権利」は持っているだけで「正しい」

鴻上　同感ですね。たとえばそれは福祉の問題、生活保護の現場でも見られることですね。日本では生活保護を利用することを、それこそ恥だと思い込んでいる人が少なくない。借金の問題と同じですが、とことんまで貧苦に耐えて、結局、餓死してしまう人までいます。生活が苦しいのだから福祉に頼ろうと簡単に考えていいのに、なかなかそれができない。

佐藤　日本では生活保護を利用できる貧困ラインにある人のうち、実際はその二割程度しか生活保護利用者がいないそうです。これを生活保護の捕捉率というのですが、二割しかない日本とは違い、ヨーロッパ諸国では、それが八割にも達するんですね。つまり、収入が少なくて生活できないんだったら、福祉を利用すればいいだけじゃないかという発想が普通なんです。日本の捕捉率が低いのは、まさに恥という概念があるからですよ。隣近所から白い目で見られるとか、ばれたらどうしようとか、あるいは、それを利用すると「自分はここまで落ちてしまっていいのか」みたいなことを考えてしまう。生き抜くことよりも「世間体」が気になって仕方ない。

鴻上　国に迷惑をかけてしまう、といった考え方も福祉の利用を妨げているんでしょう。迷惑をかけていると思うから、役所の職員のなるべく払わないという「水際作戦」にちゃんと抵抗できなくて押し返されてしまう。

佐藤　海外で捕捉率が高いのは、生活保護を権利だと認識しているからなんですよ。

福祉とは権利、そして人権の問題なのだと。だけど日本では、「権利」という言葉は、ご存じのように江戸時代にはなかったわけで、明治時代にようやく入ってきた。一八六八年ごろにライト（right）という言葉を翻訳して「権利」という言葉をつくったんですね。よくそんな言葉をつくったと、僕は感心したんですけれども。海外のライトと日本の「権利」が同じかというと、「社会」とか「個人」と一緒で、おそらくかなり違う。英語の辞書でライトという言葉を引くと、「右」という意味もありますが、ほかに「正しい」という意味が出てきます。つまり、権利を持っているだけで正しいわけです。ところが日本では、権利を持っているだけで正しいとは誰も考えていない。「あいつは権利ばかり主張する嫌なやつだ」とか、そういう言い方をするわけです。すると、権利という概念自体が、日本ではほとんど浸透していないというか、信用されていないことになる。

鴻上　個人が確立していなければ、個人の尊厳に関わる権利という概念も確立しませんよね。

佐藤　個人がいない日本では福祉が権利だとは誰も思っていないわけです。だから、捕捉率も低くなる。コロナ感染者や家族に対する差別やバッシングの問題も、明らかに人権の問題なんですよ。しかし、そうした議論はほとんど出てきませんね。法務省の人権擁護機関は感染者への差別や偏見は人権問題であると呼びかけてはいます。けれども、はっきり言って、そんなものは誰も信じていない。そういえば生活保護で思い出したのだけど、大分県の別府市で、生活保護利用者がパチンコをしているというタレコミが市に届いて調査した結果、一時的に医療扶助を除き支給停止処分が下された、というニュースが過去にありました。

鴻上　生活保護の停止？

佐藤　そうです。他の自治体でも同じようなことがありましたね。兵庫県の小野市では「福祉給付制度適正化条例」なんてものをつくって、生活保護利用者がパチンコや競馬などのギャンブルをしていた場合、市民は通報するよう奨励しました。それ以外の自治体でも「不正受給は許しません」と記されたポスターを張りまくり、要するに密告を求めるところが続出しました。

鴻上　「あなたのそばに過激派が」みたいな警察の広報ポスターにも似ていますね。あなたのそばにパチンコをやっているやつはいませんか、単身女性として住民登録しているのに、本当は同居男性がいて、じつはそこから収入を得ているんじゃありませんか、こっそり風俗で働いているんじゃありませんかと、いわゆる疑念を抱かせるものですよね。でも不正受給率は、全体のわずか〇・四五パーセント（二〇一五年度厚生労働省調査）ですからね。明らかに過剰な反応ですね。コロナで話題となった自粛警察に通じるものがあります。

佐藤　本当にそうです。

自粛警察の「正義」

鴻上　自粛警察と言えば、コロナの第一波がピークとなる二〇二〇年春の少し前に、嫌な気持ちにさせられる書き込みを見たんですよ。ツイッターで。「ストリートライブをしているやつを見つけた。ストリートライブは違法です」。しかも写真までアップしている。

佐藤　自分が絶対的に正しいという意識ですね。

鴻上　誰からも文句を言われない「正義の言葉」ですね。この発言に対して「ストリートライブぐらい許してやれよ」と返信すると、「あなたは道路交通法をご存じですか。世界は正義によって、法律によって運営されているんですよ」という反論が返ってくるわけです。法律上はまあ、そうなので、誰からも突っ込まれない、否定されない、といった安心と自信が透けて見えるんです。だから、ああ、すごく厄介なときにコロナが来たなと思いました。これはもう自粛警察そのものですね。「正義の言葉」で自分を確立しようとすることが、同調圧力を背景にした自粛警察の原因のひとつだろうと思っています。

佐藤　なるほどね。しかもそれに対して「いいね!」が付いたりするんですよね。「いいね!」が数値化される、目に見えるかたちで自分が支持されているかどうかも分かる。さらに自分の正しさに自信を持つ。まあ、分かりやすいといえば分かりやすいですね。

鴻上　そうなんです。

佐藤　緊急事態宣言下、大阪府が営業を続けているパチンコ店の名前を公表しましたよね。公表する前に一二〇〇件以上、「夜中まで営業している」とか「休業要請の対象なのに店が開いている」とか、タレコミの電話が府のコールセンターにあいついだそうです。つまり公表という強硬な手段を後押ししたのは、またしても「世間」の同調圧力。

鴻上　千葉県のパチンコ店には抗議する人たちが押し掛けて大混乱となりましたが、そこには「新型コロナ緊急事態宣言発令中」と大書された横断幕を掲げる市役所職員の姿もありました。トラメガ（拡声器）を持って仲間と集まった人たちは、パチンコ店を集団で糾弾することで、自分の所属している「世間」を強化できると思っていたのでしょう。

佐藤　前述した**「人間平等主義のルール」**も根底にあるので、あそこのパチンコ屋だけが開いているのは平等じゃない、公平じゃないという批判の仕方になるんですよ。念のために言っておきますと、僕はギャンブル依存症患者のためにも、パチンコ店はなくなったほうがいいと思っているんです。日本はギャンブル依存症の有病率が他国と比較しても世界最悪レベルにある。厚生労働省の二〇一七年の調査では、生涯でギャンブル依存症が疑われる状態になったことのある人は、成人の三・六パーセント、推計で三二〇万人にものぼるという計算です。国際的に見るととんでもなく高いんです。一番の原因というのがパチンコ店ですよ。でも今回の問題に関してはパチンコ店を断固支持したいと思ったわけです。先ほどお話しした通り、パチンコ店の名前を公表に導いたのは「世間」です。こんな同調圧力はとんでもない。これはたまたまパチンコ店がやり玉に挙げられたわけですが、何か別の問題が生じれば、他にいくらでも転用できてしまう。これを肯定するのは、同調圧力を認めることにもなりますからね。

そういえば、緊急事態宣言解除前後に起きたこととして、行政によってことさらに「夜の街」の危険性が強調されました。感染経路不明者が多数いるなかで、朝夕の満員電車に効果的対策をとらず、とくに「夜の街」だけを強調するのは、正当性があるとは思えません。これは、「世間」に**「身分制のルール」**があるため、もともと「夜の街」で接客する人間に対する差別的意識があり、そこから生まれる同調圧力を行政が利用した一例といえます。

鴻上　「休業しろ」とか「これ以上やってたら警察呼ぶぞ」と張り紙をすることで、自粛警察のみなさんは、どんなカタルシスを得ているんだろうと僕なんか思うんですね。

佐藤　さっきのネットの話でいえば、正しさ。正義。そうしたものでしょうかね。

鴻上　ネットの正義マンは、アメリカだとsocial justice warrior、社会正義戦士とかかって呼ばれているんですけど、social justice warriorには、自分のサイトとか自分の本拠地があるんです。ネット上では、自分のフォロワーを増やす快感とかがあると思うんですが、自粛警察のようにリアルの社会でこっそりと張り紙をする人とか電話する人というのはどこに充実感があるんだろうと思うんです。

佐藤　アメリカのほうは匿名なんですか？

鴻上　誰をsocial justice warriorと認定するか分かれるので（笑）、厳密なデータはないんですが、実名と匿名両方いて、実名の方が多いようです。

佐藤　ある程度特定できるということ？

鴻上　ただ匿名というか、インターネットのハンドルネームでも、俺は何とかという名前で五〇〇〇人のフォロワーがいるんだぞということで満足すると思います。でも、ネットに入ったら「何々さんだ」とニックネームで渡り歩けるので、自尊心というか承認欲求は確保できるんだと思います。

佐藤　自粛警察は完全に匿名で、しかも別にみんな「いいね！」をするわけではないということですよね。そこは違いますよね。

SNSは書き捨て――日本の匿名率の高さ

鴻上　ちなみにネットの匿名に関しては、やはり総務省が面白い調査結果を発表しているんです。
日本の場合、ツイッターの匿名率は七五・一パーセントにものぼります。ところがアメリカは三五・七パーセント、イギリスは三一パーセント、フランスは四五パーセント、韓国が三一・五パーセント、シンガポールが三九・五パーセント。日本以外の国は匿名率がおおむね三〜四割です。日本だけが突出して高いんですね。匿名だから、ネットでようやく一息つくことができる。僕はその気持ちはよく分かります、「世間」の生き苦しさから生き延びる方法だと思います。実名だとどんなリアクションがあるのか分かりませんからね。そうした、ある種のしんどさを回避した結果ですね。
佐藤　旅の恥はかき捨て。日本人は「世間の目」のないところでは、傍若無人になります。それと同じことですね。要するに〝書き捨て〟であるからこそ保たれる自由な空間。しかし匿名で名前が知られることなく〝書き捨て〟が可能ということは、それだけ他者への攻撃、誹謗中傷もひどくなる。
鴻上　それで承認欲求を満たす、といったこともできるのでしょう。さらにもっと根深い問題もあるかもしれません。たとえば、単なる承認欲求ではなく、本当に心底、正義だと思い込んでやっている可能性です。

佐藤　結果として不正義なわけですけどね。ただ、自粛警察という呼称が何か非常に目新しい感じがするわけですが、似たような言葉でいえば自警団というものがある。それこそ一九二三年の関東大震災のころから、日本では常に何か非常時に自警団が生まれ、そして人と社会に被害を与えていくわけです。

鴻上　そうですね。実際、いまでも地震、台風といった自然災害が起きると、わけの分からないデマが流布されますよね。外国人窃盗団が出没しているから気をつけろ、みたいな。いまだに関東大震災のときにもあった「井戸に毒を入れてるやつがいる」なんてことをネットに書き込む者も少なくない。パトロールしようと呼びかける者もいる。まさに自警団ですね。

不審者の排除――「地域安全マップ」という「世間」

佐藤　今、「地域安全マップ」を小学校でつくらせて、その地域で不審者が潜む「危険な場所」を学習させるじゃないですか。

鴻上　そうなんですか？

佐藤　要するに「割れ窓理論」と言われるものです。地域で窓が破れていると、そこにいろいろな犯罪行為を呼び込むので、窓をまずちゃんと修理しなさいというやつですね。そうした理論に基づき、「地域安全マップ」を学校でつくらせているんです。これをもとに、地域住民が子どもの通学路などを点検、パトロールする。地震の際に気をつけたほうがいい場所なども含まれていますが、不審者がいそうな場所などがチェックされるのです。

鴻上　中途半端に壊れた「世間」が貧困と格差でさらに壊れ、でも頼るものはやはり「世間」しかないと考え、「世間」の維持を目的に自警団を組織して異物を排除しようという流れですかね。これは、承認欲求ではなくて生存欲求とか防衛本能みたいなものが動機になっているかもしれません。

佐藤　ウチとソトをつくって、それでソトに不審者を排除するという。

鴻上　とすれば、ネットで「いいね！」をもらって、差別を煽ること以上に、根が深いというか、単純な承認欲求が動機ではない分だけ、余計厄介ですね。いや、もしかすると、それぐらい強烈な手応えがないと、承認欲求は満足しないレベルということでしょうか。

佐藤　罪を犯したんじゃないかと思われるような人に、いやがらせ電話をかけたりするのも同じです。一九九四年に起きた「松本サリン事件」の際も、当初、警察とメディアから犯人扱いされた河野義行《こうのよしゆき》さんの自宅には、深夜、明け方にかかわらず無言電話やいたずら電話があいつぎました。「松本から出ていけ」「おまえがやったんだろう」と。

鴻上　ネットで手軽に悪口を書くのとレベルが違いますよね。

佐藤　しかも、自分が直接被害を受けているわけでもないのにね。

鴻上　それは先ほど佐藤さんがおっしゃった、共同体の感情を毀損したということですよね。

他県ナンバー攻撃――空気を読む行政

佐藤　他県ナンバーの車に対する攻撃も同じ文脈でしょう。県によってはいやがらせの誤爆を受けないよう、他県ナンバーであっても県内在住者であることを証明するステッカーまで発行した。「県内在住確認書」というらしいのですが。最初、このニュースを耳にしたときは笑っちゃったんですが、でもだんだんと笑えなくなりました。行政が人びとの対立を煽り、地域の分断を拡大するようなことをやっていいのかと。行政がこんなことを主導してはダメですよ。行政が関わっているのかどうかは知りませんが、国道で検問までして他県ナンバーの車の進入を拒む地域もあったらしい。

鴻上　過去に同じようなことがありました。東日本大震災のときです。福島県のナンバーをつけた車がいたずらをされるという事件が各所で起きました。放射能を福島から持ってくるな、という意味でしょう。同様に、福島から東京に転校してきた子が、「放射能がうつる」といっていじめられた事件もありました。今の感染者差別と何か非常に似たような風景ですね。ただ福島の事例は、放射能がうつるわけないだろう、何を馬鹿なこと言ってるんだと即座に反論できました。しかし「コロナがうつっても（うつらせても）いいのかよ」という物言いは、簡単には反論できないんです。ウイルスは目に見えなくて感染の可能性がありますからね。それもまた厄介な話なんです。

佐藤　一部の自治体では、東京などの都市部から来た人間の住民票の異動を「二週間待ってくれ」と拒んだ例もありましたね。これ、拒むべき法的根拠はないでしょう。かなり前にオウム真理教の信者が自治体に転入届を拒否されて訴訟になりましたが、裁判では信者側が勝っていますよね。当然だと思います。

鴻上　今考えると、その当時はまだ司法がちゃんと機能していた気がします。今だったらコロナを理由にどんな行政の無茶も通ってしまいそうです。

佐藤　だから、これも「法のルール」よりも「世間のルール」が上位になっている。地域住民の圧力というか、そういうものに行政も敏感にならざるをえないんですね。

鴻上　つまり空気を読んでいる。役所が一番読まざるをえないですからね。そうしないと最初に攻撃されます。劇場も自粛要請に対して公共ホールがまず最初に閉めました。民間よりもずいぶん先でした。結局、法が命じているわけでもないのに、一致して自分たちの「世間」を守るために団結した。それが県外ナンバー潰しであったり、自粛警察であったり、いろんなものと通底する、すべて地下茎で結ばれている気がします。コロナによって、先端的に無残に姿を現したんですね。もちろん同調圧力だって、歴史的に見れば悪いことばかりでもなかった。3・11のときには略奪もないし、震災の後、ずたずたになった道路がわずか一週間で修復されるとか、世界中から「奇跡」だと称賛された部分もありました。しかしコロナ禍で同調圧力のマイナス面が肥大して、明確なかたちで出てきたということだと思うんです。

佐藤　そうです。「世間」のマイナス面も非常にはっきり噴出した。

鴻上　この時期に、僕はテレビで週一回コメンテータのレギュラーをやっていたから、余計に「世間」を敏感に感じることが多くなりました。佐藤さんと僕が当然だと思っていること、たとえば「感染したことを謝るのはおかしい」とか「なぜ家族が謝る必要があるんだ」みたいなことをテレビで発言したらどうなるか。おそらく「おまえは分かってない」というリアクションが大量に寄せられると思います。「演劇に自粛要請を求めるなら、休業補償を」とテレビで言ったら、それがネットニュースになって激しいバッシングを受けましたから。ましてテレビというマスメディアでは、「世間」に関することは激しい反発があると思います。

佐藤　そうですよね。とんでもないことになりますよ。

鴻上　でも、だからといって僕は、「差別されて当然だ」とか「謝るのが当然だ」なんて口が裂けても言いたくない。といって、沈黙にも逃げたくない。そうするともう、週に一回、激しいジレンマに襲われるわけです。じつに困ってます。

佐藤　難しいですね。

鴻上　特にいま、コロナに関しては誰もが無関係ではありえない。誰もが恐怖と不安を抱えている。

佐藤　まさに戦時ですから。だから過敏になっている。誰もが。

鴻上　ここまで佐藤さんの話を聞きながら、自警団が跋扈《ばっこ》するような状況を、ほんとうに理不尽だと僕も思っています。一方で、じつはそうした状況になるのも仕方ないことだと受け止めたほうがいいのか、そのほうが楽じゃないかと考えてしまうこともあります。でもやはり、それは違うと思う。不安や恐怖がある、その原因は何かと必死で探す。探し求めた先に自警団や自粛警察があるように感じます。地震や今回のコロナ禍などがまさにそうですが、とてもつらいことがあったときには誰だって理不尽な怒りをもてあますでしょう。一〇〇年近く前の関東大震災のときだって、いきなり自分の家がなくなったり焼けたりして、その理不尽さと向き合わなければならなかった。その怒りをぶつける手段として自警団があり、朝鮮人虐殺につながった側面も考えられます。もちろん、殺される側にとっては、それ以上の理不尽でしかありませんが。

佐藤　非常時、戦時には、何かにすがりつきたいといった思いは出てくるでしょうね。話が少しばかりズレますが、コロナ禍においてはアマビエみたいな妖怪が疫病よけなどといってあらためて脚光を浴びたりするわけじゃないですか。「世間」には**「呪術性のルール」**がありますから、あれはコロナに対する呪術的カウンターですよ。これにも「すがりつきたい」という心情が反映されていると思います。

忖度という世間のルール――「忖度」も英訳ができない

鴻上　それで思ったのですが、忖度《そんたく》というのも、結局は呪術性ですよね。忖度には、論理とか明確な合理的根拠はないでしょう。「同調圧力」の神様の気持ちを勝手に想像して、従うわけですからね。たとえば、暴力団って人を脅すとき、「やめろ」とは言わないんですね。「それを続けてたらどうなるか分かっとるか」と必ず疑問形でおどしをかけてくる。それがヤクザの文法です。「おまえ、そんなこと続けてたら、明日どないなってるか分かってるか」というのは忖度を求めているわけです。単に言い放つよりも、そのほうが強制力と恐怖感を生むわけですね。

佐藤　忖度ってすごく面白い問題です。僕は「空気を読み、あらかじめ上の意向を察して、自分の行動を決定する」と定義しているんですが、これって、英訳できないんですよ。二〇一七年に森友学園の問題で、籠池泰典《かごいけやすのり》(同学園元理事長)さんが日本外国特派員協会主催で記者会見をやったことがあります。その際、「安倍晋三氏や昭恵夫人の直接の口利きがあったのか」という記者の質問に対して、「(周囲が)安倍首相または夫人の意思を忖度して動いたのではないかと思っています」と答えた。このとき通訳が三人いて、「忖度」を訳そうとしたわけです。「推測する」とか「行間を読む」とか「誰かが案じていることを汲み取る」とかいろいろ訳したけれども、結局、適切な言葉が出てこなかったということです。これは、日本人以外に分からない言葉だと思うんですよ。興味深いのは『フィナンシャル・タイムズ(Financial Times)』の記事のなかで忖度を定義しているんです。何と定義しているかというと、「与えられていない命令を先取りし、穏便に従うことを示す」と。つまり命令なんです。現在は命令はないけれども、これからあるのだと。僕に言わせれば、日本人にとって忖度というのは「法のルール」ではなくて、「世間のルール」なんですね。そうすると、命令などなくていいわけです。ところが海外の記者からすれば、いや、組織のなかのことなんだから、「法のルール」が存在し、絶対命令があるだろうという前提で見るから、忖度が全然分からない。分からないから、定義として「与えられていない命令を先取りする」という、余計に分からなくなるような解釈しかできないわけです。

鴻上　でも、いい定義ですね。つまり忖度することができない能力の持ち主には、やがてその命令を伝えるしかなくなるわけだから、「与えられていない命令を先取りする」というのは見事な定義だと思いますね。

佐藤　海外ではそれでいいと思う。だけど、日本ではやっぱり最終的に命令はないでしょう。「空気を読む」ってことだから。それができなければ組織のなかにいることができなくなる。

鴻上　ただ、忖度って結局、日本文化でいうおもてなしの文化のひとつでしょう。「何も言わないでください。あなたの求めていることをして差し上げますから」という。日本旅館が、客の知らないうちに靴を磨いてくれているとか。まさに「あなたが求めることを先取りして実行します」という文化。日本人にとって、それこそが相手をもてなすことになるのだと思っている。僕が司会をしているテレビ番組「COOL JAPAN」でも、外国人が素朴な疑問をぶつけてくるんです。「どうして、日本旅館は私が何を求めているか分かるんだ？」と。異なる習慣の人びとが共存する多様性の文化ですから、言葉にして伝えないかぎり、相手が分かるはずはないと思っているわけです。彼らが言うのは、「おもてなしというのは先取りすることじゃなくてフレンドリーなことなんだ」です。フレンドリーに話せれば、異文化でもいろいろと要望に応えられますから。

佐藤　個人的なおもてなしの場面で「忖度」が使われること自体は全然問題ないと思います。ですが、「世間のルール」である忖度が政治権力のなかで使われているということが、一番の問題ですよね。政治を不透明にしている最大の要因でもあります。ちなみに「自粛」という言葉も適切な英語がなくて、東日本大震災のときに海外メディアはそのままローマ字を用いたといいます。

鴻上　まあ、じつは日本人だってよく分かっていないでしょう。「自粛命令」とか「自粛を守れ」とか、表現として変ですよね。忖度も自粛も日本ならではの表現ですね。検察官トップの定年延長問題にしても、「世間のルール」のほうに「法のルール」をねじ曲げようとしたわけです。さすがに潰れましたが、政府も「世間のルール」を「法のルール」の上部に置いたがために、矛盾をさらけ出してしまった。

芸能人の政治的発言――「世間」は変えられなくても「社会」は変えられる

佐藤　今の政治の一番の問題は、社会が見えていないことにあります。「桜を見る会」なんかの問題で典型的なのは、安倍さんの頭の中にあるのは、自分の周りにある「世間」だけだということです。それだけ。「世間」の人間にいかに多く支持されるか、みたいなことしか考えていなくて、彼の頭の中では、その外側にある「社会」というのが全然認識できていない。お友だち内閣なんて言われますが、要は「世間」の内輪で固めた人事しかできないんですよ。

鴻上　「世間」の外側にあるのは日本という「社会」ですが、安倍首相にとっては、その日本という存在も自分の「世間」を大きく広げたものでしかないということですね。

佐藤　そうです。「社会」というのは本来、変革できるものです。社会変革、社会改革という言葉はありますが、世間変革、世間改革という言葉はないですよね。「世間」は所与で、なおかつ変革も何もできない、動かない、変わらない。彼が依拠しているのはそういう「世間」なんですよね。そこが一番の問題です。香港であれだけ学生がデモをして、意思表示ができるというのは、かれらは「社会」を変えることができると思っているからです。ところが、日本は「世間」しかないから、「世間」が変えられるとも思わない。だから日本では、諸外国のような大規模なデモなんて数えるくらいしか起きないし、それどころか芸能人が政治的発言をしたというだけでバッシングされる。海外では考えられないことですよ。変えることのできない「世間」が目の前に立ちふさがり、「社会」に突破口を開けることもできない。

鴻上 戦略としては、世間改革ではなく社会とつながり、社会改革をめざすということです。芸能人の政治的発言問題、たしかに何人も芸能人がネット上で叩かれました。ツイッターで「#検察庁法改正案に抗議します」というツイートが何百万もつぶやかれたときです。裕木奈江《ゆうきなえ》さんに対しては、「君も公的機関の仕事なくなるけどいいの？」「安倍さんに逆らわないほうが身のためです」なんてリプライが大量に寄せられた。きゃりーぱみゅぱみゅさんに対しても、どこかの政治評論家が「歌手やってて、（政治については）知らないかも知れないけど」なんてじつに失礼なリプライを投げています。それればかりか「#検察庁法改正案に抗議します」というツイートをした芸能人や文化人を非国民、売国奴としてリストをつくり、広めようとしました。「永久保存版」なんてタイトル付けて。

佐藤 そんなリストまで出回っているのですか。

鴻上 はい。一応、僕も「反日文化人」というカテゴリーで名を連ねています（笑）。

佐藤 反日なんだ（笑）。

鴻上 別にいまに始まったことではありませんが、何度か僕は「反政府」「反体制」みたいな文脈で炎上しています。一方で、体制側というか、政府擁護の発言をして炎上した芸能人はほとんど見ませんよね。政府ってのも大きな「世間」ですから、そっちに身を置いておくほうが安心するというのはあるでしょう。政府に注文したり、反対意見を述べたりするのは、共同体の感情を傷つけたということで、バッシングを浴びる傾向がありますね。現金給付の議論があったときに、税金を納める側として政府を監視する役割があるのだと主張したら、「国に文句ばかり言うな」みたいな反論がありました。私が払っているのは年貢じゃないんだよ、税金なんだから、当然、使い道を要求する権利だってある、という記事を書きましたが、二一世紀の今、まさか「税金と年貢は違います」なんてことを原稿に書くとは夢にも思わなくて（笑）。

佐藤　なるほどね、年貢だと思っているのか。

鴻上　そうなんです。すべての職種で休業補償と自粛要請はセットだといくら言っても、「結局金か、おまえは」とか言われますからね。

佐藤　何でですかね。

鴻上　そうやって文句を言う人は、大きな「世間」と自分で思い込んでいる政府側に身を置くことで、多分つかの間の安心を得ているんでしょう。

佐藤　芸能人だけでなくて、日本の場合、普通の会社員だって、なかなか政治を絡めた発言はできないですよね。

鴻上　難しいでしょうね。

佐藤　やっぱり「社会」がないからでしょうね。日本は「世間」なので、「世間」の秩序を壊すことは許されない。しかも**「人間平等主義のルール」**に縛られているから、出る杭は打たれるわけです。

世間の風通しをよくするために

鴻上　先にも話した通り、西洋の個人主義はキリスト教という一神教にすごく支えられた個人主義ですよね。つまり個人が強いわけではなくて、神に支えられるからこそ強い個人でいられる。もともと日本だってじつは一向一揆の加賀の歴史みたいに、農民が約一〇〇年間、百姓の国をつくったりしています。これは一向宗、つまり浄土真宗が支えとなっていました。宗教的に支えられると、日本の農民も、お殿様を城攻めしてやっつけて、自分たちで統治できる。しかしコロナ禍の時代、キリスト教やイスラム教みたいな一神教の支えがないまま、我々日本人が個人として強くなろうとすると、「国家」という幻想に支えを求める人びとが増えていく可能性は大きいでしょう。一神教が日本を支配するとか、そういうことはこの先もないわけですから、「世間」というのはずっと残っていくのだと考えるしかない。そうすると、どれだけ「世間」を自由闊達にできるかと考えていくしかないんじゃないかと、僕は思っています。突破口として、まずは「社会」というものを見つけていくしかないんじゃないか。

佐藤　少なくとも日本で、「世間」が「社会」に変わるということはないでしょう。

鴻上　そうですね。「世間」の風通しをよくするために「社会」を使っていくという戦略ですね。

佐藤　まずは「社会」を見つけることが肝心ですが。どこにあるのか。あるいはどこにもないのか。

鴻上　欧米でも日曜日に教会に行かない人がどんどん増えていて、自分たちはほぼ無神論だと主張する人も増えてきました。でも、日本は一神教だった強力な「世間」が壊れて、何十年も前からそうなっているわけです。そうすると、日本が世界に先駆けて、一神教という強力な支えがないまま個人であり続けるためにはどうしたらいいか、いままさに日本人はトライアルをしているんだと僕はずっと言い続けています。苦労する意味がある試行錯誤だよと。

佐藤　ただ、やっぱり世界標準は依然として一神教ですよね。

鴻上　そうですね。

佐藤　キリスト教だけではなくて、イスラムだって一神教です。日本に入ってきた仏教は違いますけれど、仏教だって、上座部仏教にその痕跡がありますが、原始仏教の頃は釈迦のみを仏とすることから一神教とみなす考えもある。だから、基本的に世界標準は一神教なので、特に日本みたいなのはものすごく珍しい。

鴻上　そうですね。一方で、一神教なんだけど、神の支えを強力に求める人たちの割合は、イスラムは分かりませんが、キリスト教国では若い世代になればなるほど減っている。

佐藤　そう。だけど、だからといって個人でなくなることはない。

鴻上　もちろん。ですが、薄い支えでもちゃんと個人でいられるということは、めざすべきところではないかとも思うわけです。欧米人が試行錯誤している前から、俺たちは強力な支えもないまま試行錯誤しているんだぞというね。

佐藤　ただ、日本人の支えになっているのは「世間」です。

鴻上　もちろんそうなんですが、強い「世間」ではなく弱い「世間」に複数所属して自分を支えるとか、「社会」と気軽につながって自分を支えるとか、方法はあると思うんです。

自己責任という村八分

佐藤　個人ということの関連でいえば、コロナ禍においても自己責任という言い方がされました。政府の無責任体質が反映されたに過ぎないのだけれど。失敗も貧困も、なんでも自己責任だと。

鴻上　こんなに自己責任から遠い国が、自己責任と言うのは、すごいですよね。「自我」ではなくて、共同体に従う「集団我」によって生きている国民が「自己」の「責任」を問われるんですから驚きました。もう笑うしかないというか。自己責任という言葉が一般的に流布するようになったのは、たしか二〇〇四年四月のイラク人質事件からではないでしょうか。日本政府と多くの日本人は人質となった三人の若者に同情するわけでも、身を案じるわけでもなく、自己責任じゃないかと突き放しました。最近だとジャーナリストの安田純平《やすだじゅんぺい》さんがシリアで人質となったときも、やはり自己責任の合唱が起きた。佐藤さん、自国の若者がどこかで人質となった際に、ここまで自己責任論で当事者を責めるような国って他にありますかね。

佐藤　ないです。ありえません。イラク人質事件の際は、自己責任論にもとづくバッシングを、アメリカのパウエル国務長官（当時）にたしなめられたというでしょう。「危険をおかしたおまえが悪いということにはならない。彼らを無事に救出する義務がわれわれにはある」って。

鴻上　コロナ感染者への攻撃にも用いられますよね。だから、自己責任って結局、「おまえのせいだろ」という、「世間」から爪はじきにするときにすごく便利な論理ですよね。あなたはもう「世間」のメンバーじゃない。それはあなたがやったことだから「世間」がもうあなたをメンバーとは認めないという。だから自己責任って、一種の村八分ですね。もう我々「世間」がケアする対象ではないし、その責任もないということの宣言ですね。

不寛容の時代に窒息しないために

佐藤　自己責任はもともとは証券・金融業界で使われている言葉です。投資者が判断を誤り損失を被ったとしても、自分が責任を負うという意味なんです。今一般的に使われるのは、どちらかというと自業自得という意味に近い。自業自得は、まさに何かを「排除」する際にも使われますよね。

鴻上　なるほど。だったら自業自得とはっきり言えばいいのにね。

佐藤　自業自得を自己責任とスマートに言い換えているだけです。

鴻上　ちょうど小泉内閣の時代でした。あのころから急速に雇用の流動化も進行し、格差社会の姿が見えてきます。自業自得ならぬ自己責任も、タイミングよく登場した感じです。

佐藤　例えば、おまえが貧乏なのはおまえが働かないせいだ、自己責任だと。まさにネオリベラリズム。正確には一九九八年頃からの現象ですが、強い個人になれ、お互い競争しなさいと尻を叩かれはじめました。

鴻上　それでも個人は強くならない。いや、強くなれない。

佐藤　それは無理難題なわけですよ。先にも言いました通り、強い個人になれと言われたって、もともと日本では個人がいないんだから。「世間」のなかに個人はいない。ですから会社のなかでも個人なんていないわけです。そういうなかで、お互い会社のなかで今日から競争しなさいと言われたって、そんなことできるわけない。できるわけないからうつ病は増えるし自殺者は増える。こうした状況を引き継ぎ、強化したのが規制緩和と構造改革の小泉政権だったわけです。なんでもかんでも、それこそ人質事件すら自己責任に帰しました。その延長線上に現在がある。同調圧力がどんどん強まっているな、嫌な感じになったなと、ずっと思ってきたんです。

鴻上　不寛容の空気も強まりますね。

佐藤　例えば、刑事司法の分野でいうと厳罰化が進められました。死刑判決がどんどん増えていく。量刑の相場も上がってくる。まさに不寛容、非寛容の時代。ちなみに鴻上さんは本のなかで「ほんの少し強い個人」になることでたぶん生きやすくなるんじゃないかと書かれていますよね。鴻上さんがおっしゃっている個人の強さと、小泉内閣のころからの新自由主義的な強い個人は、まったく違いますよね。

鴻上　はい、違います。最近は「ほんの少し強い個人」というより「ほんの少し賢い個人」と言ったほうがいいと思ってます。何度も言っているように、弱い「世間」を見つけるとか、「社会」とのつながりを見つけて、いま自分の生きている「世間」で窒息しないような回路を見つけられる賢さです。それが「ほんの少し賢い」の意味です。でもたしかにあの当時、強い個人になって、働けば働くだけ豊かになって、みたいな幻想はありましたよね。みんなそう思ったわけで、責められることではないけれど、実際やってみたらそうはいかなかったということですよね。

ゆるやかな複数の世間——会社しか世間がないビジネスマン

鴻上　僕がコロナの前から思っていたのは、猛烈なビジネスマンたちには会社という強い「世間」しかなくて、そこで優秀でほんとうに頑張ったんだけど、結局、定年退職した瞬間に唯一の「世間」を失ってしまうという。つまり会社で得た強さは永遠ではないんだということを、退職後に気づくのではなくて、その前に気づいたほうがいいのに、ということです。

佐藤　会社という「世間」があって初めて自分が存在できる、会社のなかの身分とか地位によって自分の存在基盤がつくられる。他人を信用できるかという話を先にしましたが、日本人は他人を信用できるかどうかを、どういう世間にその人が属しているかということによってのみ判断してきたんです。その人間がどういう人間なのかということを考えてこなかった。だからそもそも判断できていなかった。名刺と地位、つまりは身分以外で人を判断する眼力がなかったんです。自分のレーゾンデートル（存在意義）も「世間」だけに依拠している。その「世間」における身分を失ってしまったら、もう、ただの人なんです。ただの人になったときに、もう寄る辺ないというんですかね、ぬれ落ち葉みたいになる。妻にいつもついて歩くみたいな、そんな生活しかできない。だから定年後がとてもみじめに思えてしまう。そのうえコロナで外出もままならないとなれば、家族内のあつれきがものすごく強くなっているような気もしますね。それこそ自殺とか殺人とか離婚とか、今後、そうしたことが増えてくるのではないか。

鴻上　まさに「万人の万人に対する戦い」のレベルが上がってゆくわけですね。

佐藤　で、どうしたらいいのか。『なぜ日本人はとりあえず謝るのか』（ＰＨＰ新書）に書いたことがあるんですが、「世界内存在」というハイデッガー（Martin Heidegger）の言葉を借用して、〈世間－内－存在〉〈世間－外－存在〉〈世間－間－存在〉という三つの生き方があるのではないかと考えました。

〈世間－内－存在〉はふつうのあり方で、僕たちはどこかの「世間」に属していて、そこから排除されると〈世間－外－存在〉となる。それはひょっとすると、「社会」というもののなかに放り出された存在となってキツイ。だけど、〈世間－間－存在〉という、いろんな「世間」の間をとにかく生きる、という生き方ができるのだったら、それが一番いいんじゃないかと考えました。哲学者のドゥルーズ＝ガタリ（Gilles Deleuze P.F. Guattari）が、それを「独身者」と呼んでいます。鴻上さんの「ほんの少し賢い個人」に通じるのではないのかなと。

鴻上　僕の言葉だと、複数の弱い世間に所属するという戦略ですね。

佐藤　それはすごくいいと思います。

鴻上　会社という強い世間一個だけではなくて、会社に行っているときから、例えば絵画のサークルに入るとか趣味やボランティアサークルに通うとか地域の共同体の何かに参加するとか。専業主婦の人なら、家庭だけを唯一の「世間」にしない。要は自分をたった一つの強力な「世間」で支えようとしない、ということ。

佐藤　一つの「世間」で支えようとするのが〈世間－内－存在〉。そうじゃなくて、いろんな「世間」を持っていればいいわけで、それが〈世間－間－存在〉だと思うんです。

鴻上　ゆるやかにですね。そうすると、いわゆるネットで悪口を書くだけの自己承認というかたちじゃなくて他の自己承認の方法を見つけられる気がします。

佐藤　そう。やっぱりいろんな「世間」があっていいわけで、であれば、いろんな「世間」に所属してもいい。それもゆるい関係でいけば、多少風通しはよくなるんじゃないか。

鴻上　孤独になりがちな男性よりも、いろんな人と話すのが好きな女性のほうが、佐藤さんのおっしゃる「間」を獲得できそうですね。

佐藤　融通のきかない男性は、つながりを求めることもしませんから。

鴻上　そうですね。だって、定年後に地域で出会っても、「おたく、どこに勤めてました？」みたいな、かつてのポジショニングが会話の糸口だったりしますからね。「お、そうか、〇〇か」みたいな。

佐藤　だから、そうした人は依然として、退職したとしても会社という「世間」に生きているわけです。地域のなかで「世間」をつくっていない。

幻の世間を求めて——高齢ネトウヨと自粛警察の「不安」

鴻上　僕は今、「AERA dot.」で人生相談をやっているんですけど、久しぶりに故郷に帰ったら父親がネトウヨになっていたという相談がいくつか来るんです。定年退職して、何にもすることがなくて、久しぶりに子どもと会話すると、中国と韓国の悪口しか言わないという。自分はまだ主張することがあると言いたいんでしょうか。今でも天下国家を論じてるんだ、みたいな姿を見せたいのかもしれません。こうした高齢ネトウヨ問題、珍しくないみたいです。

佐藤　それって何か組織に属していたりするんですか？

鴻上　そんな例は稀でしょう。ネットや書籍、雑誌で「敵」を発見し、嘆いて、憤って、妻に当たったりもするんですけど、当然、妻はうんざりしているわけです。

佐藤　無視されても当然ですね。

鴻上　ええ。子どもが帰ってきたら、ほら、帰ってきたというので、今度は子どもにとうとうと語るわけです。

佐藤　自粛警察もそうですが、「自粛しろ！」と店先のシャッターに張り紙するのも、もしかしたら同じ回路なのかもしれませんね。あちこち電話しまくったり、張り紙したり、あるいは脅迫状を送りつけたりする人って、けっこう退職後の高齢者が多いような気もしますね。つまり「社会」にたどり着けなかった人。

鴻上　それで何らかのカタルシスを得ているのかなあ。ネットへの書き込みではなくて、わざわざ出向いて張り紙するなんて、手間がかかると思うけれど。それでも、何かしたいんでしょうかねえ。

佐藤　ネットは誰が見ているか分からないからね。だけど、張り紙をすれば、見ている人って割と可視化されるので。

鴻上　そうか、その手応えもあるか。なるほど。

佐藤　おまけにメディアが取り上げて、それを放送してくれたら、すごい。

鴻上　たしかにネットは砂漠に水をまくみたいなものですから、まったく注目されないツイートや投稿も多いでしょう。

佐藤　いや、ほとんどそうですよ。

鴻上　誰かがピックアップしないかぎりは、もう言いっ放しで、みんなにスルーされたら敗北感しか残らない。張り紙だったら承認欲求を満たすことができるかもしれませんね。マスコミが取り上げてくれれば、さらに充実感が増す。

佐藤　たとえば、そのネトウヨというか右翼的信条の持ち主と、自粛警察は、どこかで重なっているんですか？

鴻上　動機としては、似ているように感じます。僕の言葉でいえば、世間原理主義者の古きよき世間を守れという主張は、ネトウヨも自粛警察も同じでしょう。彼らが求めているのは幻の「世間」という、人びとが一つにまとまっていて伝統的で穏やかな、空想のなかにしかない日本ですから。昭和三三年、犯罪率が高かったのに、一番すてきな時代を描いたような映画になってしまった、『ALWAYS　三丁目の夕日』ですね。

佐藤　今からは考えられないほど殺人が多かった時代の話です。そんな時代を求めているわけですか。とにかくあれから殺人事件も減りつづけ、治安は今が歴史上、最もいい。少年犯罪も、あの時代は今とは比べ物にならないほど多かった。

鴻上　これだけ凶悪犯罪が減っているのに厳罰化が進んでいるわけですね。すごい現象です。

佐藤　そうなんです。

鴻上　これだけ犯罪が減っているのに逆に厳罰に、厳しくなっているんですよと言ったら、みんなどう思うんでしょうね。

佐藤　「最近、犯罪が増えていると思いますか」というアンケート調査をすると、圧倒的多数が「増えている」と答えるわけです。ところが「あなたの家の周辺で犯罪が増えていますか」という設問には「いや、そんなことはない」となる。結局メディアがちょっと話題になるような凶悪な事件を集中豪雨的に報道していくわけで、そうするとみんな犯罪が増えているように錯覚してしまう。それが「体感治安」と言われるものです。「治安が悪化しているのだから厳罰化して当然」と考えてしまう。今は圧倒的に治安がよくて、圧倒的に安全な日本の国。でも、圧倒的にみんな自殺してしまうという国、そういう国なんです。

鴻上　そこですね。「法のルール」というのは、結局数字のルールなわけですね。数字が明確になっていくから、信頼する。でも「世間のルール」はいわゆる情だったり思いだったりするから、数字は関係ないわけです。体感治安というのは、やっぱり「世間のルール」から生まれたものですよね。

佐藤　そうです。「世間のルール」です。

鴻上　だから、データをきちんと提示するということは、「法のルール」につながることになる。

佐藤　だけど、そう言ってもあまり納得しないんですね。

鴻上　そうですか。困ったなあ。

佐藤　先ほどの話でいうと、不審者に対する不安感とかがものすごく大きいんです。

鴻上　いま、学校なんかでは、不審者情報ってすぐ出しますね。それから知らない人とは口をきかないようにしようという指導もあるじゃないですか。

佐藤　最近あちこちの団地で、それまではみんな挨拶しようというふうなことを言っていたんだけれども、これからは団地ですれ違った人がもしかしたら不審者かもしれないから、もう挨拶はやめましょうなんて決まりをつくったところもあります。

鴻上　そうすると、ＳＮＳに関する総務省の統計の「人を見極める能力がある」というのがますます磨かれなくなるわけですね。今、田舎はどうなっているのかな。逆に積極的に声をかけようになっているんでしょうかね。

佐藤　いや、どうでしょうね。

鴻上　先日、二〇代後半の子としゃべっていたら、その子は徳島の出身なんだけど、私はずっと積極的に知らない人にも声をかけましょうと教えられたと。それは、みんなが「おはようございます」とか「こんにちは」とかとにかく声をかけると、もしも不審者がいたとしたら、ちゃんとあなたのことを見ていますよというサインになるので積極的に声をかけたほうがいいんだと、学校から説明を受けたと言っていました。ただ、よそ者の排除につながりかねない同調圧力になるという見方もありますが。幼稚園の給食で全員が「いただきます」と大きな声で唱和する光景とも重なるかもしれません。この話をすると、「いただきます」の唱和なんてかわいいじゃないかという人もいるのですが、でも、「COOL JAPAN」で映像を見た外国人は、軍隊とか刑務所の食事風景のようだと言ってました。その感想も分かるんです。元気のない子どもだっているでしょうし、食欲のない子もいるでしょう。なのに全力で「いただきます」を叫ばなければならないのは、やはり、同調圧力を受け入れる訓練と言われても仕方ない。

佐藤　いずれにせよ個人は育ちませんね。

特別給付金と人間平等主義

佐藤　その関連で思い出したのですが、特別定額給付金の問題です。一人につき一〇万円が給付されるもの。本来補償の対象は、一人一人個人が対象となるべきだけれども、結局は世帯主の口座に家族全員分が振り込まれることになりましたよね。「世帯主」って家制度でいえば「戸主」のことですよ。自民党政権と官僚が考えそうなことです。前述したように、あの人たち、個人が嫌いですから。発想が家制度そのものですよね。

鴻上　そのくせ、希望しない人はチェックを入れろという項目を設けているんですね。これが分からない。あれは間違えてチェックして、払う金が少なければいいなと思っているということかなと僕は考えたのですが。

佐藤　そうした狙いもあるかもしれません。寄附するかどうか、これをもらうべきかどうか、そんな何かさや当てみたいなものがずっとあったじゃないですか、政治家は。

鴻上　ずいぶん稼いでいるんだから、もらわなくていいだろう、みたいな。

佐藤　そう。あれ、どう思いますか？

鴻上　いや、だって僕たちの払ってるのは「年貢」じゃないんだから、これも「施し」じゃないんです（笑）。もらっておいて、それこそ潰れそうなお店に行って使うとか、いくらでも有効な使い道があると思いますけどね。

佐藤　そうなんですけど、この問題というのは基本に**「人間平等主義のルール」**があるわけです。おまえがもらうのは不平等だろみたいな、「ねたみそねみひがみやっかみ」の意識がもともとベースにあるので、金持ちとか政治家だと、もらうことで逆にねたまれたくないという人たちがいる。大体メディアもよくないと思うんですが、あなたは受け取りますか、受け取りませんかと聞くじゃないですか。どう使うかなんて勝手だと思うけど、「世間」が聞きたがっているんですよね。人間平等主義があるから。おまえがもらっていいのかみたいな、そういう意識が「世間」のほうにあるので、メディアがそれを体現しているわけです。

傷つきたくない若者の低い自己肯定感

鴻上　やっぱり「世間」と個人の問題ですね。それでね、佐藤さん、若い人にはどう生きていったらいいってアドバイスしてます？　いろんなアンケート調査で、日本人の若者は世界のなかで突出して自己肯定感が低いですよね。まあ、日本人全体が世界では、自尊意識が異様に低いんですが。自分のことをちゃんと肯定することができないから「社会」への信頼も低いのかなと。

佐藤　若い人って、とにかく人とつき合うときに、お互い傷つかないように、傷つけないように、その部分にものすごく気を使っていますよね。LINEのやり取りもそうでしょう。お互いにあつれきが生じないように、社会学者の土井隆義《どいたかよし》さんが言うところの「優しい関係」を保っています。それが「世間」の関係になっている。同調圧力を気にするばかりに、あんまり悪目立ちしたくない、そもそも自分が目立ちたくないものだから、なるべく自己肯定感を低くする。

鴻上　生き延びるために自己肯定感を低くして、「世間」になじもうとしているということですかね。

佐藤　海外で自己肯定感が高いというのは、あくまでも「個人」がベースですから、常に何か主張していないと人間扱いされないといった事情があります。日本人はそもそもそんなことしなくたって生きていけるから、逆に目立ってしまうとハブられる。それが怖いんですよ。自己肯定感が低くて当然です。

鴻上　「世間」に生きているということは自己を確立する必要がないので、肯定感があるとしたら、自分の所属している「世間」が周りから認められたときだけということですね。そのときに自分の肯定感が上がると。部活でみんな頑張って優勝しましたというときの誇りを一番の支えにすることで、結果的に、個人としての自己肯定感は問題にしないというか、低いままになる。

佐藤　オリンピック選手が自分で金メダルをとったとしても、「皆様のおかげです」と言うのと同じです。でも、日本ではやっぱりこれは言わないといけないんです。「私の能力が高かったから金メダルをとったんだ」などと言ったらとんでもないことになる。それが自己肯定感の低さにつながるんじゃないですかね。

社会に対する言葉を獲得するということ

鴻上　周囲の大人たちがそうした環境を強いていますしね。「世間」の押しつけ。僕の一世代上は学生運動を経験した人たちなんですが、僕は一〇代の頃からずっと、この世代の人たちの「押しつけ」というか「同調圧力」の強さに振り回されてきたと思ってます。「ラブ&ピース」とか「大学解体」とか、自由を求めていた世代なのにな、と納得できないんです。

佐藤　あの人たち、負けたんですよ。何に負けたかと言えば、警察や国家権力じゃなくて「世間」に。全共闘の敗北は「世間」に対する敗北です。それをかれらは全然自覚していないですよ。で、負けた後に自ら「世間」になってしまった。「世間」に飲み込まれたというよりは、自ら「世間」になった。だから抑圧してくるんです。「世間」なんだから。僕も学生時代に無党派で活動していたことがありますが、官僚主義に染まった人たちがたくさんいました。ああ、こいつら「世間」なんだなあと思いました。

鴻上　だから、どんなに理想とか革命とか○○イズムなどを語っていても、結局日本人の根っこは「世間」なんですよね。ましてや党派なんてのは結局、組織という「世間」を守ることが至上命令になったりしますからね。

佐藤　連合赤軍なんて、日本軍と同じ体質でしたよね。欲しがりません、勝つまではの世界を生きていた。

鴻上　個人の弱さが悲劇を加速させたんですね。彼らが特殊だったわけではなく、それは日本人として私たちに共通する「個人の弱さ」だと思います。だから、僕らも問われるわけです。この対談で僕が言い続けてきたのは、まず、「世間」という強力な敵をよく知ったうえで、「社会」とつながる言葉を獲得してもらえたら、ということ。同時に、弱い「世間」をできれば複数見つけて、そこに参加してもらう。あなたが幸せになる方向はそれしかないいんじゃないかなと僕は思っているんです。

日本語という世間――〈世間‐間‐存在〉を意識して生きる

佐藤　僕も基本的に鴻上さんが言ったことと同じ思いを持っていますが、おそらく「世間」というのはこの先もなくならないと考えています。この状況は続くでしょう。その前提のもとで、「世間」をよく知る。「世間のルール」とかも含めて、よく見てよく知るということが非常に大事なことだと思います。知ったうえでどうするかというのは、これは鴻上さんと基本的に一緒です。いろんな「世間」とつながるということ。〈世間‐間‐存在〉を意識して、少しでも「世間」に風穴をあけてほしい。そうなれば、もう少し自由闊達に生きることができるんじゃないかと思います。

一つだけ付け加えておきたいのは、日本語という言葉の問題です。いま、これが気になって仕方ない。

日本語というのは、基本的に「世間」の言葉だと思うんです。「世間」を構成しているのが日本語で、対して英語は「社会」の言葉です。英語で考えたときと日本語で考えたときでは世界がまったく違う。英語で考えたときは「社会」が見えるし、日本語で考えると「世間」が現れる。先に少し述べましたが、「I」は、日本語にした場合「私」とか「自分」とか「俺」とかいろんな言い方ができるわけです。英語は「I」だけ。つまり一人称、二人称は、相手が大統領だろうが友だちだろうが全部「I」と「You」でいわばタメ口でいいわけです。ところが日本語の場合にはタメ口じゃまずいわけで、それをうまく使い分けるようにしないといけない。これは**「身分制のルール」**が日本語のなかに構造化されているからなんです。

鴻上　階層に規定された言語である日本語を使うかぎり、そういう意味では世間にからめ捕られていくという状況があるわけですね。

佐藤　男尊女卑の問題も気になっていて、一つの例ですが、日本語には男言葉、女言葉があるじゃないですか。しゃべっても文章に書いても、話者の性別はだいたい判断できる。ところが英語だとまったく分からない。ある意味で言葉に男女の区別がない。言語の上では平等なんです。日本は**「身分制のルール」**があるから男言葉、女言葉があり、男尊女卑という差別の問題ともつながっていく構造がある。これは非常に大きな問題だと思います。日本語を使うなと言っているわけではないのです。言葉の構造から浮き上がる「世間」の姿を考えてほしいという意味です。

さらに、英語だったら「I love you」と言うじゃないですか。必ず「I」と「You」がある、つまりこれがインディビジュアルなんですね。英語の場合には主体としての個人が必ず前提としてくっつく。ところが、日本語の場合は、「I love you」を翻訳すると「好きだ」と、「I」と「You」が完全に脱落するわけです。誰が言っているかというのは文脈のなかでしか判断できない。これが日本語の特徴で、それが個人がいない日本の「世間」につながっていく。

鴻上　「世間」でしか通じないあいまいな言葉を粘り強く明確にしていくという戦略はありますよね。つまり「世間」に風穴をあけるためにも、あいまいさを放置しない、ということです。

佐藤　そうです。こうして世間学を学んでいけば、人生が変わると思う。僕は思考の「コペルニクス的転回」と言っているのですが、「世間」を肯定するにせよ否定するにせよ、少なくとも生きやすくはなるはずです。

息苦しさはあなたに責任があるのではない

鴻上　結局、「世間のルール」というものを穏やかに変えていく、または、ゆるめていくことが生きやすさにつながっていくと僕は思っています。少しでも息苦しさから解放されたいじゃないですか。僕だけでなく、誰でも。少なくとも自殺者の多い国は健全じゃない。

佐藤　すごく興味深い本がありました。社会学者の岡檀《おかまゆみ》さんが書いた『生き心地の良い町』（講談社）。岡さんは日本で最も自殺率の低い徳島県旧海部《かいふ》町（現・海陽町）でフィールドワークをおこない、他の地域にはない「自殺予防因子」を探るんです。なぜ、この町では自殺者が少ないのか、岡さんはその理由をこう示しています。まず、人や考え方の多様性が認められていたこと。どんな人がいてもいい、いるべきだ、といった考え方が町に浸透している。次に、人物本位主義が生きていること。職業上の地位、家柄、学歴ではなく、人柄を見て判断するのだという考え方が重んじられている。そして町民の間に社会参加の意識があること。「どうせ自分なんか」といった考え方ではなく、誰であっても社会活動の機会が与えられています。さらに、「病」は市に出せ、という考え方が地域にあること。苦しい時、病気になった時は一人で抱えないで、みんなで解決しましょうという思想です。これは援助を求めることの心理的抵抗感をなくします。もうひとつ、町民がゆるやかにつながっていること。けっして濃厚で窮屈なつながりではなく、個人と個人が息苦しくならない距離感を保ちながら、連携しているんですね。これらは、「世間のルール」はあっても、きわめてゆるいものであることを示していると思います。

鴻上　それは地域の伝統なんですか？

佐藤　岡さんの推測ですが、材木の集積地として古くからたくさんの他者を受け入れてきたために、地縁血縁が薄い共同体になったのではないかと。そのなかで相互扶助に力点を置いた〝やさしい世間〟が歴史的に継承されてきたのではないかと思います。

鴻上　武士階級の〝厳しい世間〟〝失敗の許されない世間〟が、その町では育たなかったということですね。

佐藤　そうなのかもしれません。つまり、「世間のルール」というものを少しずつゆるめていけば、おそらく自殺も減っていくんじゃないかと思うんです。だから僕としては、そうした生き方のほうが楽ですよ、ということを訴えたいんです。

鴻上　そうですよね。世界は簡単には変わらない。世間や同調圧力を一気に消し去る特効薬があるわけでもない。ただ、「楽かもしれない」道を模索することは大事だと思います。

佐藤　つまり、息苦しさを与えている「敵」の正体を知るということです。

鴻上　もやもやした目に見えない何かに苦しめられるのはほんとうにつらいです。だからこそ、知ることなんです。

佐藤　息苦しさは、あなたに責任があるのではない、と。

鴻上　そう、息苦しさの正体は、あなたを苦しませているものの正体は、まさに世間であり、同調圧力。それを知ることで、少なくとも自分自身に責任がないことは理解できると思います。

佐藤　敵の正体が割れれば、それを肯定するにせよ否定するにせよ、気が楽になるのではないでしょうか。あなたは負けたわけでも、弱いわけでもない、「世間」から圧力を加えられているだけなんだから。けっして恥じる必要はないし、責任を感じる必要もない。読者のみなさんに、そんなメッセージを送りたいと思っています。

あとがき

佐藤直樹

「世間」が暴走しているのではないかと、漠然と感じ始めたのが二〇年以上前だ。一九九〇年代に入って日本における世間学の必要性を初めて提唱したのは、歴史学者の阿部謹也さんだが、その阿部さんたちと「日本世間学会」という小さなプロジェクトの設立総会を開催したのが九九年。

ちょうど「世間」の同調圧力が強まり、日本中に「イヤな空気」が漂い始めたころである。

阿部さんは二〇〇六年に急逝するが、この地味な学会の動きとは別に、『空気』とは『世間』が流動化したもの」というショーゲキ的なテーゼをひっさげて、〇九年に世間学の研究史のなかに突如登場したのが、鴻上尚史さんの著書『「空気」と「世間」』であった。

ほめすぎだと言われるかもしれないが、これは世間学の歴史に残るような、はっきり申し上げて傑作である。

じつは僕は、八〇年代からの「隠れ鴻上ファン」でもあったわけだが（好きな著書を一冊選べと言われたら『冒険宣言』ですね）、『「空気」と「世間」』は、その内容からいって「世間学の教科書」だと断言してよい。

というのも、世間学の真髄が読者にとってじつに分かりやすく書かれ、それだけではなく、「ハードで楽しく」生きようぜ、という著者のメッセージがストレートに伝わってくるからだ。

かくして鴻上さんは、阿部世間論の創造的で実践的な継承者として、周知のように、その後も精力的に「世間」についての発言を続けてきた。

で、時あたかも、「世間」の同調圧力の陳列棚のようになった「新型コロナ禍」だ。その渦中での、鴻上さんからの「対談をしませんか」という熱い呼びかけである。願ったりかなったり、渡りに船、飛んで火にいる夏の虫、断る理由は何もない。二つ返事でOKした結果、生まれたのが本書だ。

言うまでもないが鴻上さんは、すぐれた表現者であり組織者であり実践家である。

一方僕のほうは、考えだすと止まらなくなる「原理癖」みたいなものはあるが、ようするに、ぼんやりモノを考えるのが好きなだけの、グータラな研究者である。その違いが、この対談のなかで微妙に表現されていると思う。

もちろん鴻上さんも僕も、本書が、「今回のコロナ禍で狂暴化した『世間』に苦しんでいる人たちに、なんとか届いてほしい」という思いは同じだ。

いま僕は、大学の非常勤で世間学を教えている。たしかに授業のしょっぱなに、社会なんて日本にはありませんと正しく説明しても、「なんのこっちゃ？」という反応だし、下着の色まで調べる中学・高校の服装検査なんて人権侵害なのでは、と指摘しても学生諸君はキョトンとしている。

ところが、最後にレポートを書いてもらうと、「なぜクラブ活動で、先輩にはゼッタイ服従なのかの理由が、やっと分かった」とか、「なぜＬＩＮＥで、既読無視をすると仲間からハブられるのか、よく分かった」という反応がぼちぼち出てくる。

世間学の面白いところは、いまある具体的な生きづらさや息苦しさといった、自分で気づかずに「世間」に縛られている状況の根本の理由が分かり、それから解放される「導きの糸」となることである。「世間」と社会の違いが分かるだけでも、Ｂ・ブレヒトの〈異化効果〉ではないが、まわりの風景がぜんぜん違って見えるはずだ。

そういうわけで、本書が「世間」と対立して苦しんだり、そこまではなくとも、新型コロナ禍での同調圧力のひどさに、なんだかヘンだなあと思うようになった多くの読者のもとに、ぜひぜひ届いてくれることを願うばかりだ。

構成＝安田浩一

講談社現代新書　2579

同調圧力《どうちょうあつりょく》　日本社会《にほんしゃかい》はなぜ息苦《いきぐる》しいのか

二〇二〇年八月二〇日第一刷発行　二〇二〇年九月一五日第四刷発行

著者　鴻上尚史《こうかみしょうじ》　佐藤直樹《さとうなおき》

発行者　渡瀬昌彦

発行所　株式会社講談社

東京都文京区音羽二丁目一二—二一　郵便番号一一二—八〇〇一

電話　〇三—五三九五—三五二一　編集（現代新書）

〇三—五三九五—四四一五　販売

〇三—五三九五—三六一五　業務

装幀者　中島英樹

印刷所　株式会社新藤慶昌堂

製本所　株式会社国宝社

定価はカバーに表示してあります　Printed in Japan

N.D.C. 361　180p　18cm

ISBN978-4-06-520662-1

「講談社現代新書」の刊行にあたって

教養は万人が身をもって養い創造すべきものであって、一部の専門家の占有物として、ただ一方的に人々の手もとに配布され伝達されうるものではありません。

しかし、不幸にしてわが国の現状では、教養の重要な養いとなるべき書物は、ほとんど講壇からの天下りや単なる解説に終始し、知識技術を真剣に希求する青少年・学生・一般民衆の根本的な疑問や興味は、けっして十分に答えられ、解きほぐされ、手引きされることがありません。万人の内奥から発した真正の教養への芽ばえが、こうして放置され、むなしく滅びさる運命にゆだねられているのです。

このことは、中・高校だけで教育をおわる人々の成長をはばんでいるだけでなく、大学に進んだり、インテリと目されたりする人々の精神力の健康さえもむしばみ、わが国の文化の実質をまことに脆弱なものにしています。単なる博識以上の根強い思索力・判断力、および確かな技術にささえられた教養を必要とする日本の将来にとって、これは真剣に憂慮されなければならない事態であるといわなければなりません。

わたしたちの「講談社現代新書」は、この事態の克服を意図して計画されたものです。これによってわたしたちは、講壇からの天下りでもなく、単なる解説書でもない、もっぱら万人の魂に生ずる初発的かつ根本的な問題をとらえ、掘り起こし、手引きし、しかも最新の知識への展望を万人に確立させる書物を、新しく世の中に送り出したいと念願しています。

わたしたちは、創業以来民衆を対象とする啓蒙の仕事に専心してきた講談社にとって、これこそもっともふさわしい課題であり、伝統ある出版社としての義務でもあると考えているのです。

一九六四年四月　野間省一